让学生看见你的爱

SHOW THE STUDENTS THAT YOU CARE ABOUT THEM

沈丽新 著

中国人民大学出版社
· 北京 ·

CONTENTS 目 录

第二章　让学生看见你的爱

第三章　时常妥协，始终坚持

第四章　打造一间安静的教室

我爱你（代序）

诗人罗伊·克里夫特有一首很有名的诗《爱》，其中有这样的诗句。

我爱你，
不光因为你的样子，
还因为，
和你在一起时，
我的样子。

小 X 同学看到我的第一个动作，就是扑过来抱住我，然后往上爬，爬到双手可以勾住我的脖子，再一跃而下。他每天一而再，再而三地重复这一动作，乐此不疲。

我笑着问："你把我当作一棵树了吗？每天练习爬树？"

他笑了。在边上微笑着看小 X 跟我胡闹的小 D 同学淡定地说："沈老师，你就是一棵树啊！"

我吃惊地问："为什么我是一棵树啊？"

小 D 答："因为你的连衣裙是绿色的，像树干；你绿色的围巾就像树叶；你的布鞋是深绿色的，就是树根。你真的就像一棵树！小 X 真的把你当作一棵树了！"

真好！我喜欢和你们在一起时我的样子——我是一棵嫩绿色的树，而且，边上还有一群孩子。

我爱你，
不光因为你为我而做的事，
还因为，
为了你，
我能做成的事。

放学的时候，天气骤冷。我和丁老师逐一要求孩子们把外套的扣子及拉链都整理好，才可以走出教室去走廊里排队。可是，总有几个孩子，尤其是男孩子，毛手毛脚弄不好，时常需要我的帮助。即便是我帮他们整理衣服的时候，他们还心急得不行，眼睛盯着走廊里的小伙伴。

小 Z 同学也是如此。他是班上个子最矮的小朋友，今天穿了一件毛衣和一件厚外套。毛衣需要扣扣子，外套需要拉拉链。他一副手足无措的模样——毛衣扣子还没扣上，就一边胡乱摸索着，一边往外走。

我拦住他，蹲下来给他扣扣子、拉拉链。他的双手自自然然地搭在我的双臂上，还轻轻地来回抚摸。

他对我做的事——轻轻地抚摸，体现着一个孩子对一个成年人全然的信赖；而我为他做的事——扣扣子，何尝不是在验证我正在被孩子需要着！

我爱你，
因为你能唤出，
我最真的那部分。

附近有一所新学校在招生，我们学校的招生区域因此有所调整，有部分孩子可以本着自愿的原则选择更近的新学校。这几天，丁老师天天跟家长们确认，孩子们也天天讨论，彼此通气："我二年级的时候会去新学校。"

有天晚上，电话铃声响起：“沈老师，猜猜我是谁。”

“M 同学，晚上好！”

“沈老师，我想告诉您，我不会转学的。今天听到好几个小朋友下学期要转学，您一定很难过吧！我打电话给您，是想告诉您，我肯定不会转学，不会离开您的！”

其实，家长为了接送孩子方便，让孩子就近去新学校读书，在我看来并不是一件坏事。然而，M 同学却深深忧虑我这个老师会因为有上多个小朋友转学而难过，他及时保证自己不会转学，希望能抚慰过于理性的老师。那一刻，我的心里，是深深的惭愧。我对孩子们的感情，真的配不上 M 同学对我这样温情的安慰。

我爱你，
因为你穿越我心灵的旷野，
如同阳光穿透水晶般容易，
我的傻气，我的弱点，
在你的目光里几乎不存在。

“我们的沈老师是世界上最温柔的老师！”这样的话，从小不点儿们的妈妈嘴里陆续听到。我对孩子，从来不乏正色的批评与教育，时常规训，偶尔惩罚。但因为秉持着自己不动气、就事论事的信条，心平气和地批评与教育之后，我仍是孩子们眼里那个“最温柔的老师”。不是我够好，只是孩子们够宽容——他们不打算记忆我严厉时候的模样。

我所得到的，远远胜于我所给予的。

而我心里最美丽的地方，
却被你的光芒照得通亮，
别人都不曾费心走那么远，

别人都觉得寻找太麻烦，
所以没人发现过我的美丽，
所以没人到过这里。

我喜欢站在孩子们身边的感觉。跟他们在一起的时刻，我觉得是自己最美丽的时刻。谢谢可爱的孩子们。

这世界上的每一种爱，都该是这样的吧。爱着你，也爱着和你在一起时我自己的模样。

谢谢那个写下这首《爱》的诗人罗伊·克里夫特。

第一章　温和而坚定地站在学生面前

从“尊重的教育”开始

听闻同行讲述：在他们学校，校长早、午饭后爱在校园里巡视，也爱三番五次地在大会上提及各个班级的学生看到校长主动问好的人数，借此来评价班主任们对学生的文明礼貌教育是否到位。于是，全校的班主任都把“教育学生看到校长要主动问好”视为头号文明行为习惯来落实，以保证校长所到之处“校长好”的问好声一定此起彼伏。此外，“教育学生看到前来视察工作的领导要主动问好”也是校长对教师们不厌其烦的提醒与敦促。

从这个案例中，我们可以看出这位校长把学生的文明习惯狭隘地等同于看到校长和领导要问好。这样的校长、这样的学校，据我所知，实在不在少数。而有的教师尤其是年轻老师缺乏自己的思考与判断，于是，培养学生的文明习惯就简化成“主动跟老师问好，尤其是校长和领导”。拓展开去，培养学生的卫生习惯就约等于“保持地面整洁，以免在文明班级评比中被扣分”。诸如此类的“简化”与“约等于”，模糊了教师对学生的行为习惯教育的初衷，不再是“尊重他人”，而变成“取悦领导”。长此以往，我们的学生在校园里，就会不懂得尊重所有的劳动者，在他们离开校园后，能寄望于他们懂得并尊重其他人吗？

2013 年 11 月 7 日，华东师范大学教授、教育领导研究中心主任戚业国，在中国杭州名师名校长论坛上指出：“我们未来的生活质量，取决于今天班上的‘差生’。”戚教授的原话是这样的：“我经常跟校长们说，其实当你退休的时候，关涉到你的生活质量的，恰恰就是你今天班上的‘差生’。未来卖菜给你的是谁，未来给你收电费的是谁，未来给你开出租车的是谁，这些未来真正让你切实体会到生活质量的，可能正是班里今天的‘差生’们。”①撇开我不喜欢的“差生”一词，我们的生活质量的确与生活中的每一个人息息相关：业务上的领导人员、单位同事、保安、小区物业工作人员、停车场管理人员、保洁人员、机关办事人员、商场工作人员、酒店员工、飞机或动车工作人员……这些人是否足够尊重我们，的确会影响我们的情绪，甚至影响到我们的生活质量。

在我们抱怨自己不被尊重的时候，在我们抱怨太多人不懂得尊重他人的时候，甚至在我们嘲笑有些人习惯不被尊重的时候……身为教师，是否反省过：我们真正教过并教会学生尊重他人了吗？

尊重他人，也是需要具体教的。

教导学生尊重每一个人的正当职业

校长是值得人们尊敬的，但是学校里还有更多的普通劳动者，他们和校长一样值得尊敬。没有他们的认真工作，学校将无法正常运转。如果一所学校里的学生，见到校长会主动问好，却对其他劳动者完全无视，这样的教育是失败的，这样的学生即便考试成绩再优秀也不足以称为好学生，这样的学校也不是真正意义上的好学校。

美国优秀教师罗恩·克拉克制定了著名的“55条班规”。这些规则不仅帮助学生理解并遵循合适的行为，也让学生在遵循规则的过程中学会尊重他人。“下车的时候，每次都必须对司机表示感谢”，克拉克的这条班规我曾在英国的学校真实地体验过。有一次，学校安排部分孩子乘大巴去参观议会大厦，每个孩子早上上车的时候都逐一向司机说“早上好”，傍晚回到学校下车的时候依次跟司机说“谢谢”和“再见”，这些英国孩子对普通劳动者发自内心的尊重令我这个中国教师深深反思。我认可这样的教育并努力在我的教育现场践行。

①梁建伟．我们未来的生活质量取决于今天班上的“差生”［N］．钱江晚报，2013-11-08（4）．

【案例 1】

有一次，班上的两个女孩到办公室找我，轻声告诉我："老师，男生小葛（化名，本书涉及的其他学生名字也均为化名）对小夏叔叔很没有礼貌，看到小夏叔叔老是叫'送水的'。"——小夏是饮用水公司派驻在学校的送水工人，负责及时把桶装饮用水送到各个教室，并回收空桶。因为学校里教室、会议室、专用教室和办公室众多，他一天到晚非常忙碌。从表面上看，是小葛同学对小夏叔叔的称呼不够礼貌；而这背后的真相，是小葛同学不尊重送水工人。

课堂上，我心平气和地对孩子们说："今天有两个女孩告诉我，班上有个男孩对送水工人小夏叔叔的称呼特别没礼貌。我听到后既欣慰又难过。欣慰的是，我们有那么好的同学，能分辨得出那样的称呼是不礼貌的；难过的是，我提醒过大家要尊重每一个从事正当职业并认真工作的人，可还是有同学没做到。"

我停顿了一下，继续说："我知道大多数同学的爸爸妈妈是单位里的普通员工，而不是领导。大家长大后，大部分人也只是普通劳动者。你今天这样不尊重学校里的普通员工，那么，你的爸爸妈妈和将来的你也有可能受到同样的不尊重。请大家记住：你希望别人怎么对待自己或者自己的亲人，你就要怎么去对待他人。"

孩子们都非常专注地聆听着。

克拉克还有一条班规是："记住学校里每一名教师以及食堂员工、杂务工等工作人员的名字。"①为此他还自制教职员工小册子，上面有每一个人的照片和姓名，供孩子们识记。一般来说，美国小学的规模远远小于中国小学的规模，何况我所在的学校还是九年一贯制学校，想让孩子们记住全校所有教职员工的姓名显然不怎么现实，再说，中

---

①李茂．在与众不同的教室里：8 位美国当代名师的精神档案［M］．上海：华东师范大学出版社，2007：37.

国孩子也没有称呼身边的成年人为“某某先生”“某某小姐或夫人”的习惯。但是，我至少可以做到：对于岗位人数比较少且与孩子们接触多一些的员工，让孩子们知道他们的姓氏并按年龄称呼，比如小夏叔叔（送水工人）、殷爷爷（水电工人）、小吴阿姨（文印室工人）、小李叔叔（校车司机）……其他众多岗位上的员工则按本地风俗称之为“阿姨”或“师傅”。

教导学生尊重每一个人的表达方式

中国成年人的世界里，有一种奇怪的现象——喜欢揣摩对方行为的意图或动机，然后据此批评。事实上，批评对方的意图或者动机，这是说理与论道的大忌。享誉全球的开会宝典《罗伯特议事规则》规定，不许质疑动机——不能以道德的名义去怀疑别人的动机。一旦涉及对动机的批评，一方无法自证清白，不免烦恼；另一方也难以论证他的质疑，反而会折射出自身的不堪。最后，不仅不能解决任何问题，反而会增加矛盾。

质疑他人行为的动机，说到底，是一种对他人表达方式的不尊重。追溯到人们的童年，这种“质疑他人行为的动机”其实随处可见。“他就是故意踢我的。”“他就是想欺负我。”“他就是小气。”……这样的告状声时常听到，而调查下来，百分之八九十被质疑动机的行为都不是故意的。我希望孩子们在童年里，能够理解并做到尊重他人的表达方式，不用自己的感受去随意攻击他人的行为动机。

【案例 2】

女孩雯的父亲卧病在床多年，不幸去世。孩子们主动提出要捐款。尽管我反复强调“捐款金额不限，由各位的爸爸妈妈和你们自己决定”，但捐款时我还是听到女生韶的八卦之声——“东，你捐了多少啊？”随后是一个不屑的眼神和一句刺人的评价——“真小气。”当时的东有些窘，忙碌中的我瞟了一眼捐款记录表——东捐了 10 元，韶捐了 100 元。

吊唁回来，我对孩子们说："我今天很感动，看到很多同学都向雯献出了爱心。有的同学捐得比较多，我相信这是他们的爸爸妈妈的热情援助；也有的同学捐了 10 元、20 元，我想这一定是他自己千辛万苦省下来的零花钱，这同样令人感动。爱心不是用金钱的数目来衡量的。"

我停了停，看着东说："东，请你不要介意我拿你举例。大家都知道，东小学毕业后要回老家读中学。他的爸爸妈妈已经在老家的县城买好了房子。普通的工薪阶层买房子要背负沉重的房贷，东的爸爸妈妈在苏州还要租房子住，他们家的经济压力可想而知。可是，在这种情况下，东还捐了 10 元钱。我认为这 10 元钱很了不起，它显示出东非常有爱心。"我顺便用眼神扫了扫女生韶，加了一句："捐很多钱的同学和他的爸爸妈妈的确很大方很有爱心，但是捐钱少的同学也不是小气，他们一样是有爱心的人。所以，我请同学们不要随便去批评别人的行为。"——东后来一整天的表现都特别阳光、特别积极，这令我安心。

【案例 3】

我在雯请丧假的那两天里，特意嘱咐孩子们："雯失去了爸爸，非常悲伤。我去吊唁的时候，看到雯痛哭特别心疼。她在家里一定会因为想起爸爸而难过，可是到了学校里和同学们在一起，或许能够暂时放下这份难过。如果她爸爸在天有灵，也希望雯能够快快乐乐地学习、生活。所以，等雯来上学以后，如果她和同学们一起做活动一起开玩笑，千万不可以讽刺、挖苦她'爸爸去世了一点也不伤心'。每个人表达伤痛与怀念的方式不一样，不能因为她没有成天愁眉苦脸就指责她无情。我们要尊重她处理情绪的方式，努力让她在学校里的时候更加快乐。"

事实上，雯因为她妈妈周到的呵护，也可能因为她爸爸重病多年心理上有准备，丧假一结束她就来学校上学了，不久就和同学们一起有说有笑了。看到孩子们那么自然地接受雯丧父之后的说笑，我特别释然。

耶鲁大学法学院的乔恩·R. 华尔兹教授在《刑事证据大全》一书中说，测谎仪的准确率一般在 90%，由此可见人心之难测。而中国文化中苏东坡与佛印开玩笑的故事，更能印证：心中有佛，所见皆佛；心如粪坑，所见皆屎。因此，我们要尽力教导孩子不要去揣摩他人的行为意图，而是要接纳并尊重别人的表达方式。

教导学生尊重每一个人的私人空间

尊重他人的私人空间，是现代文明礼仪的重要内容之一。可是，我们经常会在公共场合遇到追逐打闹的各种“熊孩子”，而他们的家长大多数在旁边笑意盈盈地欣赏着自己孩子的活泼、可爱，全然不理解或者不顾自己的孩子已经打扰并侵犯了他人的私人空间。

孩子的问题，大多数可以追溯到他身后的父母。面对不懂得尊重他人私人空间的孩子，身为教师，不应该简单地停留在“孩子父母真没修养、真不懂得教育孩子”的抱怨上，而应该致力在学校里干预这种家庭教育在孩子身上的影响，尽量让这些孩子学会懂得尊重他人的身体及私人空间，并逐渐成长为秉持这种规则的未来家长。

【案例 4】

男孩雨，是著名的“哭娃”，一天要哭好多次。除了因为要订正作业或者觉得作业多大哭外，很多时候是因为“某某人打我”。任何一个同学跟他玩闹，只要碰到他的身体，他就必然理解成“他打我”，然后就大哭。还有一种情况是，他经常主动去找同学玩闹并触碰别人的身体，对方稍有回应——手碰到他的身体，他也必然理解成“我只是跟他玩，他却打我”，然后也大哭。

在这种情况下，我制定了一条班规：没有得到对方同意，每个小朋友都不能碰同学的身体。一开始，纯然是想减少情绪容易激动的雨同学在教室里哭闹的次数。但渐渐地我发现，这个班规无形中减少了孩子们之间的很多纠纷，行走途中（尤其是上下楼梯的时候）的安全隐患也降到了最低。

我除了随时随地跟孩子们宣讲这条班规外，还多次给家长们群发短信，请求他们在家反复跟孩子强调这条规则，以便孩子们养成“不能碰同学的身体”的习惯。

【案例 5】

期末考试结束后，孩子们休息了一天便按学校要求返校，有两天半的时间上课、参加各种活动。返校的第一天上午，他们理所当然最关心自己的期末考试成绩。恰巧在数学老师经常批作业的课桌上，堆着一沓试卷。早上晨会课才下课，我就看到一帮女孩围过去翻看试卷。

我及时阻止了她们的行为，并提醒她们：“我记得跟你们说过，没有得到别人的允许，是不可以翻看他人的任何东西的。我理解你们非常想知道自己数学成绩的心情。你们可以直接去办公室轻轻地问数学老师，也可以等数学老师来的时候有礼貌地问一句：‘老师，我可以看一下自己的试卷吗？’”

孩子们到校的最后一天上午，举行休业式。我把全班厚厚的 50 本素质报告书放在讲台上，又回办公室取一份资料。再次回到教室的时候，我看到了温馨的一幕：一个女孩在阻止另外一个打算翻看素质报告书的同学，她说：“你不要翻看这些素质报告书，因为你没有得到老师的允许。”

著名特级教师吴非说：“讲评作文时，需要读学生的作文，这时，你能不能先问一句：‘我可以读你的作文吗？’或者‘你的作文很有意思，你愿意让全班同学分享吗？’”[①]吴非老师提醒教师不仅要表达对学生私人空间的尊重，更要多向学生示范如何尊重他人的私人空间。

---

①吴非 . 致青年教师［M］. 北京：教育科学出版社，2010：149.

“在人类生活中，存在着各种各样的文化样态，也存在着各种各样不尊重的现象与问题。如果不发挥教育的积极引导作用，尊重的素养难以养成；如果不教人各种道理，尊重的行为也难以维持。”[①]“尊重的教育”是积极的教育。它要求教师首先要成为一个懂得尊重的人，成为未成年人的榜样，同时培养学生尊重他人的意识与习惯。

英国哲学家约翰·洛克说过，能做到通过恰如其分的普通的礼节与尊重，表明你对他人的尊敬、重视与善意，这是一种很高的境界。而要达到这样的境界，需要学习并反复练习各种具体的规则，且持之以恒。

美国雪城大学马克斯维尔公民与公共事务学院终身教职副教授马颖毅，在《我们是否对“不被尊重”习以为常》一文中指出：“中国学校现在提倡公民教育，从基础教育到高等教育，各种课程纷繁复杂。在我看来，公民教育，最朴素地体现在人与人之间的平等与尊重上——尊重天性，保护个性，平等对待每个人（的观点和思想）。”[②]的确，类似“中国人不懂得尊重他人”这样的抱怨随处可闻。但是抱怨表达的只是情绪，不解决任何问题。在大家普遍悲观的时代，身为教师，至少还有机会起身向时代说话：我们可以示范并教导学生尊重每一个个体的平等权利，我们一定会努力并坚持的。

---

①王澍，柳海民．论尊重与“尊重的教育”［J］．东北师大学报（哲学社会科学版），2009（3）：5.

②马颖毅．我们是否对“不被尊重”习以为常［N］．中国青年报，2015-07-10（2）.

温和而坚定地站在学生面前

刚参加工作的年轻教师，常常为自己在学生面前的形象而纠结。很多教师怕一开始对学生过于亲切，容易让学生恃宠而骄，以后班级出现问题便难以管理；又担心对学生过于威严，容易走到学生的对立面，这也不是理想的局面。

这样的担心绝非多余。有很多学识和能力都很强的年轻教师，往往因为这个问题而身心俱疲。有的教师，常常在班主任工作和学科教学之间顾此失彼，甚至怀疑自己对职业的选择是否正确。

我始终认为，教师要以专业的形象站在学生面前。

不让学生生活在恐惧中

作为一个有着良好教育背景的成年人，教师首先是一个有修养的人，一个真心爱护学生的成年人。所以，面对学生在成长过程中出现的各种缺点、错误，教师可以批评指正，并要求学生为错误承担相应的责任，但是，教师要注意，不能让学生生活在恐惧中。

曾经经历过这样一件事：有一个学生在语文课上写数学作业，语文老师质问他："你在做什么作业？"这个性格本来就不温顺的学生不仅不收好数学作业，还大声回答："数学作业。"语文老师更生气了，说："那你就不要上语文课了，去找数学老师。"这个学生当场站起来，负气而走。

我在走廊里遇见这个学生的时候，他脸上写满了愤怒。可是我才开口询问，他就热泪滚滚，他的愤怒即刻被深深的恐惧替代。显而易见，他害怕自己错上加错的行为不被原谅，害怕自己留给语文老师一个不可逆转的坏印象。

我能理解语文老师的情绪，因为这个孩子在课堂上的表现的确过分，但我觉得在指出孩子的错误行为的时候，应该尽量避免使用疑问句。还原那个场景，如果语文老师当时不用疑问句，孩子就没有机会无礼。语文老师完全可以说："现在开始上语文课了，请大家把数学作业收起来，下课再做。"教师直截了当地提出明确的要求，不仅可以避免师生之间出现矛盾，更可以免除孩子犯错之后的恐惧感。

有时候，教师用疑问句或者反问句给学生制造了无礼的机会，一旦觉得自己被冒犯，又会过分捍卫自己的面子及威严。在这种状态下，教师对学生的批评和责罚容易过火，而学生对教师和学校也容易心生恐惧。

要让学生保持对教师的敬畏之心

在一个家庭里，父母如果对孩子的要求过于宽松，或者对孩子显而易见的错误不批评、不惩罚，甚至在家事上都请示孩子（比如，晚饭吃什么菜，去哪个餐厅吃），这样的孩子在进入青春期后更容易叛逆。甚至，在成年后，对步入晚年的父母会缺乏必要的照顾。其原因就在于，对孩子要求过于宽松的父母，没有让自己成为孩子的成长范本，自然导致孩子对父母缺乏必要的尊重与敬畏之心。与之相反，孩子对要求一直比较严格的父母，会比较敬畏，不怎么敢表露不靠谱的想法。

对于孩子，家长该用爱心去照顾与陪伴，并尊重孩子的个人喜好。但是，一个对孩子的错误不批评、不惩罚的家长，一个总爱迁就孩子的家长，在让自己不像家长的同时，也必然导致孩子不像孩子。孩子会觉得自己可以指使、操控家长。这种心理暗示会贯穿他的一生，很多"逆子"就是这么养成的。

这样的道理也适用于学校教育。这节课该完成什么作业，英语单词抄写几遍，语文默写错几个字以下可以不用重新默，数学口算题错满几个要重做，作业本交给组长还是从后面传上来……这样的事是需要教师慎重考虑的，不需要与学生商量，是学生必须按照教师的要求来做的。

教师必须是孩子学习与成长的引导者——无论是在前方指引，还是在边上陪伴，或者在后面推动。这个引导者，在人格上与孩子平等，但在孩子的成长路上，不该是同步的朋友。一旦让学生感觉教师与他们完全平等，他们必然会失去对教师的敬畏之心。也许表面看着师生成为朋友十分美妙，但事实上，学生会找不到成长的方向。

教师理应关心孩子，最好保持童心，留有天真的一面。但同时，教师要担负起引导孩子成长的职责，对于孩子的违纪行为、不合适的言行，要及时指出并处理。教师要帮助孩子向善求真，引导孩子了解并遵守教室里以及其他场合的行为准则。

要让学生感受到教师的善意

我喜欢“严格”这个词，它特别适用于教师对学生的态度。严，即高要求；格，即不逾矩。在学生的能力范围内对他们提出高要求，这能让他们明确发展的方向。但在严格要求的同时，也要让学生感受到教师对他们的善意，这能更好地激发起他们的学习动力和向善之心。

这个学年初始，我新接了一个三年级的班级，纪律比较乱，听课习惯以及学习能力有问题的孩子非常多。如果默写 8 个单词，错 4 个以上的孩子就会有十几个。这十几个孩子里，有上课不认真听课的，有回家不复习的，也有怎么也记不准单词的。

在这种情况下，如果从一开始我就在每节课上严厉批评，或者让孩子每天放学后留下来反复默写，必然会导致孩子产生挫败感，甚至害怕学习英语；如果我不予以重视，那么孩子会更加轻慢英语，他们的个人成绩以及班级成绩将非常不理想。

有时候，处理学生的问题并不一定需要具体的行动，而是要将教师的善意持续不断、准确无误地传递给学生。

对听课习惯不好的孩子，我总是用心地捕捉他们偶尔的好表现加以表扬，并寄予期望。比如，我对他说："你今天的听力题全对了，证明你专注倾听了。你很聪明，但平时专注倾听的能力还不够好。不断提高自己倾听的能力，你的英语成绩很快就能提高。"

对写作业态度差的孩子，我会反复跟其家长沟通。比如，针对回家不默写的孩子，我会告诉家长："孩子在家默写的意义是，发现他对哪几个单词掌握得还不到位，然后对这几个单词强化记忆。如果他在家里没有完成这一步，第二天他到学校默写不理想，就得花时间订正，这样必然会加重他的负担，甚至影响他下一节课、下一单元的学习。"

对学习能力弱的孩子，我总是心存怜惜。比如霖，回家默写每天都错 2/3 以上，可是本子上一定有家长认真检查和孩子认真订正的痕迹。但第二天到学校默写，他依然错 2/3 以上。而每次拿到作业本，他都是不声不响地快速完成订正。对这样的孩子，我常常安慰他："没事的，你已经能够听、说、读这几个单词了，只是拼写还不够好而已。我们有期中复习和期末复习呢，慢慢地你一定会记住这几个单词的。"

教师持续不断地让孩子感受到善意，他们必然会朝着教师期待的方向努力。在不加重孩子课业负担的情况下，在不让孩子感受到恐惧的情况下，孩子们的成绩自然而然地会有明显提高。

我坚持"温和而坚定地站在学生面前"这个原则。"坚定"意味着我对学生的要求明确而不动摇；"温和"则意味着尊重孩子，并一如既往地传递我的善意。教师面对学生始终温和而坚定，学生必然有向上、向善的意愿与动力。

另一种智慧——忽略

有些教师对学生的要求十分严格，简直容不下一点瑕疵。学生行走的队伍一定要整齐，上课的坐姿一定要笔直，作业的字迹一定要端正……一旦学生违反各种规则，教师就第一时间急于去批评教育。

而事实上，指望学生在行走的时候、上课的时候不交头接耳，那是不现实的。如果教师事事计较，就可能导致对学生发脾气的时间加上向同事抱怨学生不守纪律的时间，大大超过真正用在教学上的时间。教师不仅身心疲惫，同时也会收获无尽的沮丧。

美国社会心理学家威廉姆 · 詹姆士说："智慧就是懂得该忽略什么的技巧。"[①]的确，学生在校期间的各种学习活动，都该遵守基本的准则。但人无完人，学生也一样。"学生总是表现完美"的希望是不现实的，教师不如忽略一些不影响班级正常上课的不完美。

忽略一些看起来不完美的细节

在日常教学工作中，有的教师很容易看到学生的缺点、问题和错误，但缺乏探究精神，不去研究"为什么会产生这些缺点、问题和错误"。其实，教师若深入探究，可能就会忽略一些不完美。与此同时，教师和学生双方的状态都可以得到一定程度上的改善。

可以忽略一些"不规范"。以前有个学生小谢，破坏力惊人，对教师的很多指令与要求，经常性地大声拒绝，甚至与教师对着干。有一

---

①布鲁肖 . 给教师的 101 条建议 [M]. 北京：中国青年出版社，2011：20.

次，学校在操场上举办开学典礼，9 月初的阳光炙热，时间长达 40 分钟。小谢渐渐变得不耐烦并在队伍中手舞足蹈，显得格外突兀。我的副班主任试图走过去批评他，我阻止了她。我对她说："小谢虽然站姿不好，但他没有影响他人。唯一的后果是会导致班级整体形象不好看，会被检查的学生扣分，导致文明班级评比得分偏低。我觉得这不重要，重要的是他现在能够释放他的情绪，等回到教室后他的情绪可能调节得差不多了，能够保证课堂秩序。如果现在阻止他，等会儿在课堂上他就有可能情绪爆发，反而会影响课堂秩序。"对这种没有影响他人的各种"不规范"，教师不妨忽略。

可以忽略一些"不认真"。我的二年级班上，有个智商很高的孩子。他的知识面很广，阅读量很大，学习能力很强。他在一年级的时候就经常看厚厚的没有拼音的书，会分数运算，英语也超前学习。在课堂上，如果老师讲的内容他已经掌握了，他就经常低头看课外书。只要他不发出声音（偶尔他也会捣蛋），我一般会忽略。不因此批评他不尊敬教师，而是留给他更多的时间去看课外书，满足他的学习需求。

可以忽略一些"不端正"。我的四年级班上，有个孩子的握笔姿势很奇怪（并且纠正不过来），他的书写速度有多缓慢也就可想而知。随着年级升高，作业量增多，他的书写速度导致各科作业总是来不及完成，一直疲于应付，字迹越来越不端正，除了熟悉他字迹的教师，很难正确辨认。在这种情况下，我从不要求他重写，只要他能够正确地完成作业，我就给予肯定，让他获得成就感。

可以忽略一些"不严谨"。四年级班上还有一个孩子，有些学习障碍，语文单元测试只得 8 分，英语成绩在 50 分上下。每次讲评练习册、单元测试卷或者阶段性练习的时候，我都习惯讲解一大题，然后让学生订正一大题。每次订正的时候，他总是抓过同桌的练习册或者卷子飞快地照着正确答案订正。其实，很多答案我都写在黑板上了。他看文字的时候容易跳行，很难一下找到题目所在的行。如果让他对着黑板订正，估计就没法在课堂上完成。而延续到课后订正，既不能保证质量，也影响他课间休息。所以对他这样不严谨的订正方式，我选择忽略，并在批改订正的时候肯定他："要订正的题目没有缺漏，而且都订正正确了。"让他在相对比较大的学习压力下，尚有相对宽阔的空间安放身心。

忽略一些可以用来呈现整齐划一的机会

很多学校班级数量多，班级人数多，学生的安全问题已经成为首要问题。去做操、去餐厅吃饭、去专用教室上课、去会场、放学……一切活动都需要排队。的确，排队是保证学生在校安全的基本前提。

但是，有的教师似乎不记得排队的这个初衷了，而是把排队理解成展示班容、班貌的契机，不放过所有的排队时机，用各种方式来展现班级的整齐划一。

有的教师要求学生不停地喊口号"一二一"，若哪个学生没有大声喊口号，就会招致批评。我们知道，即便是部队里的军人，也不会在长达十几分钟的路程上不停地大声喊"一二一"。有个教师朋友，用自己的亲身体验告诉我："我们学校要求学生必须喊'一二一'。有一次，我跟着学生从教室门口一路喊到校门口，嗓子都喊疼了。我第一次发现走这段路的时间太长，这样做太不人性化。后来，我再也没有让我们班的学生在行走的时候一路喊口号。"我真的建议要求学生一路喊口号的教师自己去试一试，去体验一下身体和心灵的感受。

有的教师要求学生一路不停地背诵语文课文，背诵数学计算法则。偷偷讲话、不认真背诵的学生同样会受批评。孩子们在行走的时候连胡思乱想或者沉默不语的权利都没有，语文课、数学课延伸到每一次在校园行走的过程中，长此以往，学生还有多少学习热情？

班级行走的时候排队是为了保障孩子们的安全，在行走的过程中保持队伍的基本整齐也是应该的——还是为了安全。但是，孩子们在行走的过程中，胡思乱想可以保持心灵自由，愉快地东张西望可以维护对世界的好奇。教师真的可以忽略一些可以呈现整齐划一的机会，让孩子更像孩子，而不是像军人或者像机器人。

忽略一些可以用来教育学生的时间段

因为学生人数过多，很多学校实行分批就餐、分批放学措施，导致很多班级有“等待时间”，如等待就餐或者等待放学，而这个时间不在课程表上体现。

有的教师会利用这些等待的时间，让学生读读、写写、算算。但学生在经历了半天或一天的学习、活动之后，已经很难静下心来。而这些“不静心”容易招来教师的批评，教师也容易为此生气。

其实，教师完全可以给予孩子足够多的自主安排时间。在等待用餐的时间，我习惯让孩子们安静地画画、折纸、看书，或者趴在桌子上休息；在等待放学的时间，我喜欢让孩子们背着书包在走廊里等待——可以坐，可以站，可以自由交流，只要别离开你在队伍中应该待的位置；个别需要订正作业的孩子留在教室里，得完成作业后才可以去走廊等待放学。长此以往，每天在走廊里等待放学的时间成为孩子们心灵最自由的时光，他们会注意尽量及时完成作业，免得减少与同学们自由聊天的时间。

不是所有的时间都要用来教育学生的。这样的等待用餐、等待放学的时间，教师完全可以忽略，不要变成用来进行整班教育的时间。事实上，越是忽略一些可以用来教育学生的时间段，学生心灵自由的时间就越多，教师也可能会少些烦恼和疲惫。

“忽略”，并不等同于“放任不管”，何况只是忽略一些不完美、一些所谓的机会、一些碎片时间，以及其他一些小细节。在对孩子足够理解的前提下，适当的忽略其实可以更好地帮助他们，并更好地保护他们心灵的自由。

教师多一些“适当的忽略”，孩子们的在校生活会更愉快，教师的精神负担会更小。哪些是可以忽略的，哪些是不可以忽略的，这基于教师对孩子的了解、理解与爱护程度，也基于教师对教师职业的解读。

我认可威廉姆·詹姆士的“智慧理论”。适当的忽略真是一种智慧，可以让教师在与学生相处时更心平气和，有更多的情绪与精力去关注教学本身。

让教师的语言更有力量

在教育现场，常常有这样一些年轻教师：他们学科素养优秀，备课认真，精心准备的展示课也不乏可圈可点之处，平时对学校各部门领导安排的工作也总是积极回应，但是，他们中的不少人并不善于管理班级。有的年轻教师甚至为此非常烦恼：其他教师在场的时候，学生能够安静有序；如果只有自己在场，教室里常常失控。据我观察，除了缺乏工作经验、急于求成等客观原因，一部分教师的语言不够有力量，也是主要原因之一。

教师的语言有力量，其定义并不在于声音高亢、语调凌厉，而是教师所表达的主旨，学生"容易"识记；所传递的指令，学生"愿意"完成。事实上，这个"容易"与"愿意"，不在于学生的接受能力，而在于教师语言的力量。

让声音更有质感

我们自己都有过真切的体验：开会或者听讲座的时候，有些人的发言自己就是不爱听；有些人刚一开口，自己就立刻被吸引，愿意好好地去倾听。而这有时候跟发言的内容本身并无多大关系，只跟发言者的声音有关。有的声音没有吸引力，只是一个个音节在会场里单调、空洞、轻飘飘地跳动；而有的声音不高亢、不夸张，但是每一个音节都饱满、鲜活，充满金属般闪耀的质感。

有的教师认为，嗓音是先天的，后天不可逆转；但我认为，嗓音与声音是两个概念。嗓音是天生的，或粗或细，或高或低；而声音的质感是后天修炼的，或粗犷或柔和，或明亮或内敛。

教师的语言如果有质感，学生就会在第一时间做出各种判断：老师是很自信的，老师是能力很强的，老师对我是友善的，老师处理事情是公平、公正的，老师是理解我的，老师是相信我的，老师是真的为我好……学生会基于自己的判断，明确自己与教师之间各种行为的底线。而如果教师的声音没有质感，学生则不容易信服。学生会通过各种行为，不断去试探，努力去判断“这个老师是怎么样的”，然后确定自己在这个老师面前的行为准则。这个过程总是非常冗长，在试探的过程中师生彼此会很辛苦。教室里的各种违纪现象、失控现象，通常都发生在这个过程中。

教师的声音，可以清晰地透露他的专业素养。越是专业素养高的教师，他的声音越有质感。如何让自己的声音更有质感？唯有不断提高自己的专业素养——人文素养、学科素养、教学素养等。当教师的素养达到一定的高度时，他的声音必然有质感，学生必然容易也愿意聆听教师的语言。

打造自己的气场

气场是一种看不见摸不着但是能让人感觉到的状态。每个人身上都有属于自己的独特气场。气场能够感染他人于无形。有些人气场强，在他周围的人总能受到他的影响；有些人气场弱，总被人视作无物。

教师绝对不可以气场太弱。因为在教室里，学生虽然是学习的主体，但教师永远是那个最重要的他人，引导着学生的学习与进步。一个教师在发言之前，如果能够允许教室里乱成一团，而毫不在意地“自说自话”，并试图靠反复重复来强调自己的主要意思，这必然导致他气场太弱，弱到连学生都可以“视而不见、听而不闻”。

气场是围绕个人的巨大磁场，它吸收了一个人成长中所有的信息，包括一个人的性格、学识、教养、专业、品位、成长环境、家庭背景等，甚至还有个人的衣着、饰品及行为举止。它们经过各种方式的变化组合，形成一种独特的能量。这种能量以各种形态附着于我们，形成了我们独特的存在形式。

教师要格外注意打造自己在学生面前的气场。首先，要丰富自己的内涵；其次，要提升自己的仪态；最后，要保证在每一个学生都进入倾听状态后再开口说话。

避免无意义的重复

重复，在教育中的功效显而易见。孩子就是在无数次的重复中不断获得知识与习得能力的。教育必然需要重复，但是在教育过程中，要避免无意义的重复。

有的年轻教师过于担心学生没有听清楚指令，常常一口气连续喊三四遍："大家写好作业后，交给各组的小组长。"因此教室里常乱糟糟的。而收作业本的时候，教师还是经常会发现有的学生没有交作业本，或者把作业本传给了那一组的第一个同学——因为上课的时候交作业经常会从后往前传。

为什么有的教师发布指令的时候教室里经常乱成一团？为什么重复了三四遍的指令，还是会出现那么多失误？其实，这都是无意义的重复的恶果。当学生意识到教师经常一条指令重复多次时，他就不会在教师第一次发布指令的时候认真聆听。尽管在执行教师指令的过程中出现了失误，但是他确定下次教师发布指令的时候还是会多次重复，所以他还是不会认真去聆听。恶性循环从此在教室里上演：教师继续重复发布指令，学生继续不认真聆听，失误继续频频发生。

要避免无意义的重复，教师要从一开始表述时就力求简单、清晰、准确，这样的指令才有力量，同时还训练了学生认真倾听他人表述的习惯。如此一来，才可以避免教室里上述乱糟糟的场景再现。

适当放慢语速

许多演讲家都会用极快的语速说出漂亮、整齐的排比句，排山倒海的气势常常赢得满堂彩。但事实上，当一个人的语速过快时，人们往往来不及关注他究竟在表达什么，而只注意到他的语气和姿态。

教师在学生面前同样如此。一旦教师语速过快，学生就来不及获取语言本身表达的信息，而只注意到教师表达时候的状态，并去分辨教师是高兴、有一点点烦恼，还是非常生气。另外，如果教师语速过快，反应比较慢的学生容易产生挫败感，因为他听不懂教师在说什么；而教师其实也会产生挫败感：为什么我的指令学生就是不听？

我曾经听过一个班主任一口气发布了一连串指令："大家把家校联系本拿出来，放在桌子上，从后面往前面传；语文一号本交给小组长；作文草稿本放在讲台上；昨天的语文测验卷也放在讲台上，没有家长签名的先不要交，明天签好名再交上来……"每一条指令之间没有停顿，但教师会不断重复。面对这么一连串的指令，注意力集中的孩子问题不大，会一一加以分辨并执行；而注意力不集中的孩子就来不及识别指令，只能根据以往经验，等待教师的多次反复。

教师在发布指令时，应该适当地放慢语速，要留给学生接收信息并加以消化的时间。第一条指令发出之后，教师不要急于发出第二条指令，而应关注是否所有学生都已经听清，并等待所有学生都完成指令。在等待的过程中，尽量不重复指令。再根据实际情况，发出第二条指令。

语言承载着知识与思想，学生是否愿意聆听教师的声音，取决于教师的知识与思想能否及时、准确无误地传递给学生。所以，教师只有让自己的语言更有力量，才能更好地实现教育的目的。

把握好对学生的称呼

前一阵子，我听到一个老师夸耀自己对学生的态度多么亲切、友善。她说："我一直管我们班上的学生叫'宝贝儿'，哪怕学生犯错误，我也先叫一声'宝贝儿'，再批评教育。"她执教小学高年级，对着人高马大的男孩子也唤作"宝贝儿"。

教师对学生的称呼，有"与时俱进"的迹象。

多年前，在借班上课的公开课上，我经常听到执教教师声称"我是来和大家做朋友的""我是你们的新朋友"。上完课后，这个来自别的学校的"朋友"从此音讯全无，这样向学生示范"朋友"的定义是否合适呢？

后来，"朋友"一词也不足以表达一部分教师对学生的喜爱之情了。"小美女""小帅哥"这样的称呼入驻校园，甚至从课下蔓延到课上。如果教师把所有女生都称呼为"小美女"，那么已经能够判断长相"美"或者"不美"的学生，会因此渐渐知道"美女"一词只不过是性别的代称，但同时可能感受到教师用词的不真诚、不严谨；如果教师只称呼容貌姣好的女生为"小美女"，一方面伤害了得不到"小美女"称号的女生，另一方面对长相漂亮的女生可能会有"因为长得好看就可以得到偏爱"的误导。

记得看过这样一篇文章，作者去外国友人家里做客，看到主人家五岁的漂亮女儿，惊为天人，于是大声赞美。主人却马上打断他，并单独告知原因："我不想孩子从小因为长得好看而被赞美，这对她没有好处。如果你要赞美孩子，请赞美她长相以外的东西，比如她的行为礼仪。"

这个故事，是否会令一部分热衷于称呼学生为“小美女”“小帅哥”的教师们有所触动？

随着淘宝卖家对买家的称呼——“亲”的出现，一些时髦的教师也开始称呼学生为“亲”，甚至还把它写进期末的班主任评语或者任课教师寄语中。流行的，一定就是合适的吗？

教师不是学生的亲人、保姆或者邻居家的阿姨，不适合过分亲昵地称呼学生为“宝贝儿”；教师不是淘宝店的掌柜，学生也不是买家，“亲”这个称谓并不得体；“小美女”“小帅哥”这样的称呼，容易误伤或者误导学生。另外，教师不是学生的玩伴，对学生应该友好、亲切，但不是来跟学生做“朋友”的。

教师是教导学生知识、陪伴学生成长的专业人士。在家里有各种乳名、奶名、小名、昵称的学生，都有自己的学名。教师以学名称呼学生，最为自然、大方。我赞成——我自己也正在做，在称呼学生的时候，省略他们的姓氏。比如，“王向东”可以只称为“向东”，“李飞”这样的单名，可以加个“小”字，称为“小飞”。

至于对学生群体的称呼，小学低年级可以是“小朋友”，高年级则是“同学们”。如果需要按性别分开称呼，可以是“女孩子们”和“男孩子们”，或者是“姑娘们”和“小伙子们”。

教师对学生的称呼，我赞成以庄重、雅致，而不媚俗为原则。

在课堂上要秉持专业态度

我们常常会发现，执教同一门学科的教师同样勤勉，可是，学生的学习态度与学习成绩却有可能大相径庭。有的教师会觉得很委屈，觉得自己很认真，为什么却得不到预期结果？

其实，有一种素养，比起“无私奉献”“爱生如子”更具有现实意义，那就是教师是否具备清晰、明确且坚定的专业态度。

课堂教学的关键是什么

课堂教学的关键在于教师必须具备专业态度。教师的专业态度应该是：心平气和、心态积极、尊重学生、始终把学生的学习放在第一位；不气急败坏、不训斥学生，时时刻刻以一名帮助者的身份面对每一个学生，帮助学生学习，帮助学生成长。

无论在什么科目的课堂上，我想孩子更看重的应该是：老师的气场、课堂的节奏、师生的互动、作业的处理……如果其中有一两项打动了孩子，他们自然会喜欢课堂并习惯老师的教学方法。

课堂教学低效是什么原因造成的

我看到过一种说法，企业之间的竞争就像穿越一块玉米地：第一，比速度：看谁能最快穿越玉米地；第二，比收益：看谁掰的玉米多；第三，比安全：看谁的折损最小。对效率、效果、效益这三个指标的追求决定了现代企业的竞争性。

所有学科的教学也同样要考量效率、效果、效益这三个方面：孩子们在学习上所花的时间是否过多；学习成绩是否达到合格或者优良；孩子们在学习过程中是生气勃勃、喜气洋洋，还是愁眉苦脸、冷漠呆滞？

如果教师具备专业的态度，或许将不会再恶狠狠地训斥那些调皮捣蛋的学生，或许将不会再对那些没有听懂的学生表现得不耐烦，或许将不会再当着那么多学生的面去跟顶嘴的学生较真儿，或许将不会再让犯了错或成绩差的学生的家长难堪……

我认为，当前的教学评价方式并不是导致教师课堂教学低效的主要原因。学校领导或许会因为教师的"优秀率"及"合格率"对教师进行表扬或者批评，这是可以理解的。表扬是对教师的肯定，批评可以促进教师的自省与改进。

中国素来有争做"最好"的习惯，其实，太想做到"最好"的教师，本身需要调整心态。如果是不可控的因素导致被批评，那么，教师不必对此过分耿耿于怀，不能把压力转嫁给学生。我喜欢帕尔默的一句话："真正好的教学不能降低到技术层面，真正好的教学来自教师的自我认同与自身完整。"①

我愿意努力做得"更好"，但不是"最好"，坦然去接受批评、责罚和不能参加评优等结果，并原谅自己不是"最好"，然后依然心平气和地对待学生，对待教学。

课堂教学需要投入知识以外的智慧

我觉得，课堂教学低效，师生注定是两败俱伤的，而为之应该负全责的，只能是站在课堂上的教师。

我也曾加班加点地给"学困生"补课，但后来更信奉应提高教学的有效性。就连作业如何处理、如何批改，这里面都是大有智慧的。比如，布置写单词的家庭作业，我从不让孩子反复抄写，只是提醒他们明

---

①帕尔默．教学勇气：漫步教师心灵［M］．吴国珍，等译．上海：华东师范大学出版社，2005：10.

天要默写哪些单词。聪明的孩子背几遍就可以，无意义的重复抄写只会浪费时间并让他们厌烦英语；而学习能力弱的孩子，时间都拿来对付机械式的抄写，哪有时间去用心记忆？

教学低效了，有的老师就会用加班加点、多布置作业来掩饰，学生学习的压力大多来自老师的低效教学——这一真相则被“现行教育制度”等类似的说辞掩盖。不要说成绩不好的学生，即便是学习成绩很好的学生，真心喜欢学习这一过程的也不占多数。所以，我认为，有智慧的教学，还要让学生能享受学习的过程。

课堂教学需要教师用阅读打底

我真心觉得，爱阅读的习惯带给我非常大的慰藉与帮助。学生时代，学校里的教育学课程并没有给我留下好印象，我也一度非常排斥教育类论著。刚做教师的那些年，我还是由着自己的性子乱读书。回过头来看，这段时光收获与遗憾并重。虽然读了不少书，也的确对我的教学工作有益，但如果从一开始就涉猎教育类论著的话，我那些曾经的学生从我这里一定可以得到更多美好、更多力量。

现在，我会非常主动地跟同事交流教师阅读的话题，也会经常不定时地给同事推荐书籍和文章，为年轻教师“开书单”，其中教育类书目占最大比重。我觉得，教师尤其是初入职的年轻教师，可以重点读一些有关课堂管理、师生关系的教育书籍。这些书能帮助我们与学生建立专业的师生关系。只有建立了良好的师生关系，教育才能真正地发生，教学才能有效地进行。

教师工作，首先它只是一份职业，不过却有着相当高的专业性要求。因为它的专业性，我愿意凭借自己的专业态度、专业知识和专业技能去赢得学生与家长的尊重。我认为，这远比苍白无力的“爱”字更可信、更真实。

适当随顺学生的天性

2008年的暑期，我很幸运，有四个星期的时间逗留在英国的小学课堂里。有一幕难以忘怀：教师丽贝卡（Rebecca）在数学课堂上允许两个不愿意听课的男孩子单独坐在边上一张课桌上画画，他们也可以轻声交谈，只要不影响他人。丽贝卡说："他们不喜欢学习，当他们愿意干什么事的时候，只要不影响别人，任何事都可以去做，哪怕出去玩。至于学习，我会在他们心情愉快的时候再辅导。"她还在学生做作业的时间里，陪一个不肯做数学作业的学生玩有关数学的电脑游戏。

当时的我不禁微笑起来：丽贝卡是如此随顺孩子的天性。

"随顺"，不同于"放任"。它只是教师正视每个孩子的发展差异，只是对孩子抱持容忍与耐心等待的态度。很多时候，教师不妨也试试随顺孩子的天性，面对孩子显而易见的疏忽、错误和过失，不要过于渲染自己的理直气壮。

我曾经也是个要求自己令行禁止的教师。出于"敬业"，与孩子经常斗智斗勇，无比痛苦。有一天终于顿悟：为什么要求所有的生命都如出一辙？本该允许一些孩子就是懒惰，就是不勤奋，就是需要你多提醒的。

不要试图在短时间内彻底改变一个习惯不好的孩子。过于直接的目的会导致教师产生强烈的挫折感。与其接受最后失败的结果，倒不如从一开始就不抱多么大的希望。不指望这样的孩子可以立竿见影地改变，也不想几个回合就败下阵来任由孩子自生自灭。把自己定位于"慢慢地陪他成长，陪他学习"的那个人，在我的视线里，这样的孩子能够略微有所改善就好。

允许孩子犯错。毕竟是孩子，总会有疏忽。我经常这样宽慰自己：他或许只是昨天不想写，只是今天不想写，明天也许就愿意写了呢。于是，常常将他们请来坐我旁边慢慢补作业。一边批作业，一边跟这样的孩子絮絮叨叨，微笑着注视，温和地提醒，努力传达我的善意、关注与希望。即使这些孩子经常隔三岔五要被我请来补作业，但深信他们从心里对这门学科、对我的课堂、对我本人不会惧怕，不会憎恨，那他多少还有希望。坚持不因为 个孩子的分数而去批评他，允许他学不好这门课，允许他没有学好这门学科的天赋。不爱学习不是罪过，学不好也不是十恶不赦——只要孩子不对我撒谎，不说“作业做了，放在家里没有带到学校里来”就好。

有时，我简直怀疑那几个最不爱写作业的孩子，他们天天不肯写作业到底是要赖还是撒娇？不写作业不会受罚，反而有机会亲近教师？不写作业，可以得到教师更多的关注？若真抱有这样的想法，其实也可爱，更见童心。

孩子天性中总有着成年人无法理解的地方，总有着成年人以为不可理喻的地方。教师试试站在孩子那边，努力揣摩孩子的心意，有的时候不妨随顺孩子的天性，或许会有意外的收获。

布置家庭作业的边界意识

在微信朋友圈里看到一位老师贴出一张截图，都是班上孩子和父母相依偎的照片。该老师说："给孩子们布置了特别的元旦作业——一个拥抱，一句'爸爸（妈妈）我爱您！'"她很谦虚地问："这种作业有问题吗？"

微信群里的同行们纷纷赞美。我忍不住直言："如果我是家长，会很反感这种作业。这个作业的背后是假设孩子在家很少或没有这样的表达，这种假设令人不愉快。"并补充说："如果孩子是被'扔'给爷爷奶奶带的呢？这种作业无异于在孩子的伤口上撒盐。"

其实，我这些话都没有抵达关键点。我想了想，才得出关键句："孩子如何与家长互动，这是家事，教师需要有边界意识。"

有的教师在工作中，面对孩子与家长的时候，容易混淆边界。孩子如果经常不完成家庭作业，教师的确需要跟家长沟通。但孩子如何与家长互动，这是一个家庭内部的问题。如果孩子和家长没有主动求助于教师，我认为，教师是不应该主动干预的。

还有一些更具"温情感"的作业。比如，让孩子给家长洗脚，而且得拍照或者家长签字作证。孩子从小被教导"自己的事情自己做"，一个身体健康的成年人给自己洗脚是正常的，让未成年的孩子给家长洗脚是不正常的。要孩子给父母洗脚并拍照，这是教师对家庭教育方式毫无道理的干涉，非常不尊重学生家长的个人意愿。而且，动不动要求孩子拍照作证，大有诱导孩子养成凡事爱作秀的习惯。

有些家长也混淆了边界意识，动不动就对教师讲："老师，我相信你！我的孩子交给你了，他不做家庭作业你就让他留堂好了，让他把家庭作业写好后再回家。”家庭作业是孩子对当天学习的知识温故知新的好方式，家长有责任督促孩子认真完成，帮助孩子养成良好的学习习惯。这么重要的责任，家长意图推给教师，完全是在推卸为人父母的责任，还美其名曰是对教师的信任。

很多成语其实都蕴含着深刻而简练的含义。比如，各司其职——教师负责好孩子在校期间的学习、活动、与同学和老师的交往情况，家长负责好孩子在家的生活、学习、娱乐、与家人的互动情况。教师和家长若都能厘清各自工作权限的边界，各司其职的话，孩子一定可以成长得更好。

把握适度的交往边界

近年来，师生关系紧张或者家长与教师关系紧张的新闻，时有所闻。而只看每一起“事件”的表象，容易陷入非黑即白的二元对立，好像不是学生有错，就是教师或者家长有错，才导致“事件”的发生。然而，一旦深入了解，就很难说谁真的毫无责任。事实上，“事件”的发生，不大可能是因为一方单向的过错。

其实，学生、教师、家长这三方，彼此之间都怀有美好的期待。即使在“事件”发生的过程中，也不难看出各自的善意。那么，又缘何会产生这些令人不愉快的“事件”？我认为，有些“事件”的产生，与教师平时没有把握好跟学生、家长的交往边界有关。

言辞有度——停止用不合适的词语称呼学生

在一些 QQ 群或者微信群里，一些同行提起班上令自己头疼的学生所用的称呼让我吃惊，比如：白痴、神经病、脑残、弱智。我能理解教师工作中的各种压力与烦恼，在微信群、QQ 群里，面对全国各地众多互不认识的同行朋友，诉说一下也是一种解压方式，会较好地得到大家的共情，然后好继续奋斗。然而，我真的不赞成有的教师使用那些让我吃惊的词语称呼学生的做法。

或许有些同行认为，反正学生听不见，看不见，只是一时发泄一下情绪而已，只要当着学生的面不那么称呼就可以了。但是，我不认为学生在与教师的交往过程中真的感受不到这一切。

有个同行跟我分享过她的观察：她的一名班主任同事，背地里经常称呼班上的淘气孩子为“神经病”。有时候科任教师向她这个班主任同事告状，说班上某同学上课有违纪行为，该同事会脱口而出：“某某就是神经病，怎么教育都无效！”

这样的脱口而出，有时候真的很危险，有可能被来办公室找别的教师的孩子听见。如果是当事孩子，孩子的内心会非常受伤，甚至有可能从此在心里埋下仇恨的种子。另外，一旦孩子回家告诉了家长，遇到爱较真儿的家长，这个教师的处境将非常糟糕。即使不是当事孩子，听到教师在背地里这样称呼同学，他也会有想法，从而改变教师在他心目中的形象，增加对教师的抵触情绪。

而且，重要的是，言为心声，任何人的言辞其实都与他的内心有关。教师嫌弃顽劣孩子，才会对这种孩子有不合适的称呼。一个教师对学生的嫌弃，其实是很容易在言谈举止中流露出来的，当事孩子自然心知肚明，甚至其他孩子也会知晓。而当孩子感受到教师对自己的嫌弃之后，教育的功能将很难在这个孩子身上得以发挥。他可能会表现得更顽劣，使师生双方都陷入痛苦的恶性循环。

如果教师能够接纳每个孩子的不同，接纳孩子在童年就是可能经常犯错的这个事实，接纳有些孩子在短时间内的学习效果的确会非常差，并且持之以恒地耐心陪伴他成长，孩子才有可能在各方面渐有起色。

行为有度——减少学生出入办公室的次数

放学后，有的教师会把学生带到办公室。有时候，是因为学生之间产生比较大的纠纷，需要教师调查与化解矛盾；有时候，是学生的作业订正尚未完成；有时候，是学习能力比较弱的学生需要个别辅导……教师们除了上课，还要处理其他杂务，的确非常忙碌。把学生带到办公室，在学生反思或者写作业的间隙，处理一些需要及时上交的材料，有的教师会觉得这是一举两得的事。

但是，凡事都有两面性，有利弊之分。把学生带到办公室，会导致办公室混乱、嘈杂。另外，因为是在办公室，教师自己会进入比较放松的状态，很可能一边工作，一边彼此交谈。有的教师可能在交流家务事，有的教师可能在聊对时政的看法，有的教师可能在谈一部电影的观后感……他们之间的交谈内容，有很多是不适合让学生听到的。

因此，如果办公室里非常安静，带学生进办公室会影响其他教师办公；如果办公室里刚好大家在热烈谈论，带学生进办公室，学生就不可能很好地反思自己的问题，也不可能专心地学习。

同事很少在办公室看到我的学生，因为我几乎不带学生进办公室——除非学生主动来找我。遇到这种情况，一般我会立即起身，一边跟学生说话，一边往办公室外面走。如果是三言两语能讲得清的事，就在走廊里答复完毕；不然的话就带学生回教室去慢慢交流。同样，如果必须在放学后把个别学生留下来，我会在教室里调解学生之间的矛盾，或者给学生补习功课。长此以往，学生对教师办公室就会有最基本的敬畏。他们不会轻易来办公室，即使主动来办公室找教师，也会轻声细语，心存尊重。

交流有度——与家长交流时有选择性地让孩子回避

教师尤其是班主任，请学生家长来学校面谈，这是在所难免的。因为家长都忙，下班后他们不是加班就是忙于家务，教师贸然上门家访，效果可能不如提前约好在学校见面。这样的约谈一般可以安排在放学后家长来接孩子时，教师可以借此机会与家长面谈。

有时候我看到，教师当着孩子的面，跟家长交流孩子的各种问题，孩子在边上听得心惊胆战，家长可能越听越来气，火冒三丈的时候当着教师的面就对孩子拳打脚踢。这种情形其实没有一个教师愿意看到。另外，教师针对家长某些教育方法的建议，其实也不适合让孩子听见，这会影响家长在孩子心目中的形象，影响孩子对家长的信任和信服，不利于家庭教育。

一般情况下，我会先当着孩子的面表扬一下孩子最近的亮点与进步，也会分享我对面谈家长的好印象——我认为后者尤其重要。比如："我觉得您是一个对孩子学习特别关心的爸爸，从孩子的家庭作业本上可以看出您每天都检查孩子的默写情况。"或"我觉得您是一个特别勤劳的妈妈，从孩子每天穿的干净的衣服上可以看出您很善于打理家务"。

通过这样友好的对话，教师对孩子的关心才可以不打折扣地传递到家长心头。然后，我会在让孩子回避的情况下——比如请孩子到隔壁教室写作业，我跟家长留在本班教室——告诉家长孩子在学校里出现的问题，并且提出我的看法：孩子之所以在学校出现这个问题，有可能跟家庭教育有关，因为如果是与家庭教育无关的问题，我认为没有理由跟家长面谈。

在跟家长面谈的时候，我会充分表达我想了解的善意，耐心倾听家长的陈述，也会分析问题可能是什么，并提供解决这个问题的方案。如果有必要，我会再把孩子请过来，让孩子和家长针对老师觉得有问题的地方，彼此当面交流一下。有时候，这样认真的面谈，会为原来有问题的亲子关系打开一扇奇异的窗户。

一个教师如果在跟学生、家长接触与交流的过程中，始终注意保持好基本的交往边界，始终注意言辞有度、行为有度和交流有度，才有可能得到学生和家长的尊重与信任。同时，教师的善意也可以比较好地传递给学生与家长。在这种情况下，即使是教师对学生的批评态度严厉了些，教师对家长提出的建议直接了些，学生与家长接受的可能性也会更高，一般来说，师生之间或者家长与教师之间不出现意见分歧，教育功能才更有可能有效实现。

教师是学生的重要他人

读毕淑敏的小说《谁是你的重要他人》，不能忘却长辫子老师那竖起的食指，如同一道符咒，锁住了毕淑敏的咽喉，让她一生遗憾地落下不能唱歌的毛病。长辫子老师是毕淑敏一生中的重要他人，纵然长大后毕淑敏能以一个成年人的智力明白老师曾经的用意和苦衷，但谁又能抹去留在一个少女心中的惨痛记忆呢？那烙红的伤痕直到数十年后依然冒着焦煳的青烟。

看余秋雨的文章《教师节的惊喜》，记得余秋雨的重要他人是他6岁时候的启蒙老师——何老师。其实，他并没有记住何老师教了他什么，但是，何老师青春洋溢的快乐性格给他带来了巨大的欢愉。是何老师在学习的起点上告诉他，读书、写字是天底下最快乐的事情。这种快乐感，自此贯穿在他的生命之中。没有这种快乐感，或许也就不能成全后来的余秋雨了。

“重要他人”是一个心理学名词，意思是指在一个人心理和人格形成的过程中对他产生巨大的影响，甚至是起决定性作用的人物。童年的记忆遵循着非常玄妙、神秘的规律，根据儿童智力发展的规律，孩子在幼小的时候，不能够完全明辨所有的事情，一旦被批评就容易将其归咎为自己的错。而我们，和孩子们朝夕相处的老师，要陪伴孩子度过他们最宝贵的童年。孩子们人生中的“重要他人”，就是我们教师。

我是哪些孩子生命中的重要他人

已经毕业的雯，曾给我写过一封甜蜜的信。“老师，我现在有两个目标：一是做一个服装设计师，创造出一个比香奈儿更好的服装品牌，等我赚大钱后将所有的财产都捐给国家买航空母舰。二是做一个像您一样的老师，也要去西部支教。老师，我没有忘记您的话：'将爱一代传一代，中国的明天会更美好。'我要好好学习，不仅为了自己，也为了您，更为了祖国。"孩子满纸诉说的思念，让我一次次回忆自己说过的话，是否真的可以给一个孩子这么大的影响力？

我现在班上的学生宽，一次课后跟我闲聊。这个柔弱的小姑娘掷地有声地告诉我："老师，我要学好英语，长大后去美国。我要到美国去开公司开工厂，我要赚美国人的钱，我要把美国人的钱赚到中国来！"听完话这才想起，我曾经跟他们提过重庆力帆集团的董事长尹明善，他有一句名言："国内赚钱是市场好汉，海外获利则是民族英雄。"我曾经跟他们开玩笑："老师希望你们长大后有更多的人去当'民族英雄'，把外国人的钱赚到我们中国来，让我们国家更加繁荣、富强。"听到宽的话，我心头一颤，原来孩子如此在意老师无意中讲过的话。后来，她秉持这个信念，原本是一个英语成绩比较普通的孩子，居然连续几次考了第一名。这是多么执着的信念啊！

作为孩子们的重要他人，我们该给孩子们的是温情，是理解，是宽容，是爱。要用我们的身影和鞭策，托起孩子们的明天；要将我们的期望和教诲，化成孩子们前进的动力。

我真的是凭正面影响成为孩子生命中的重要他人的吗

不能忘却，到毕业离校时也不肯亲近我的尘。虽然他念初二那年曾回母校来，为了追赶刚走出校园的我，从四楼上狂奔下来，一直追到广场上才把我叫住。他用男孩子那青春的、明朗的笑容看着我。可是当年，我对他的批评，以"为他好"的名义，是否向他传递了足够的温情与善意呢？

不能释怀，像他那样好学的孩子，居然在我的课堂上跟我冷战了整整一个学期。从不举手，从不发言，那样冷漠地看着我。因为我的批评，他至于如此耿耿于怀吗？我为自己理直气壮地鸣冤了一学期，居然跟他一样负气！为什么，那次推心置腹的谈心整整推迟了一个学期？

孩子的心灵是何其稚弱！童年时的甜蜜难以忘怀，童年时被烙下的负面情感，也难以简单地用时间的橡皮擦拭。我会成为哪些孩子生命中的重要他人呢？是让他感觉到甜蜜还是伤痛呢？

在教学过程中，让每一个孩子的生命都在场吧！再谨慎一点，再小心一点对待孩子们的心灵吧……

重新定义课堂

2015 年暑假前的两个月，是我从教 20 多年来最艰难的时光。这两个月里，我为休产假的同事代课，临时执教平行的四年级二班英语课。这个班级的纪律混乱是全校出了名的，他们三年级的班主任甚至在中途无法进行正常的语文教学与班主任工作，学校不得不临时换人。今年，他们的教室就在我担任班主任的四年级三班隔壁，他们的语文老师（兼班主任）、数学老师和英语老师就与我在同一个办公室，平时我看到的和听到的，足以让我同情并心疼我的这三个同事——尤其是那个孕妇。

抱着焦虑与不想辜负同事们对我的期待的心情，我走进二班开始了艰难的两个月代课工作。我承认，两个月后，二班的孩子们以及听我在电话里描述的原英语老师都承认进步很大：上课时吵闹声比以前小多了，作业本都收齐了，从不写家庭作业的“困难户”林同学会主动完成作业了，单元测试的时候再没出现懒得写卷子的孩子了，期末考试平均分也达到优秀了……然而，在整个过程中，我一直处于严重的自责中，有浓重的挫败感。

我不喜欢自己在二班上课的样子，那是我在三班从来没有过的样子，也是我工作 20 多年来没有过的样子——整节课从头到尾保持高度警惕，目光如炬，随时准备暗示、提醒、警告各路“蠢蠢欲动”的“叛党”，却无效。一旦开口提醒了这个，必然引来哄堂大笑；批评了那个，另外一个趁机捣乱。有时候忽略违纪行为，立刻会有孩子大声揭发；一旦想要问责，马上迎来奋力辩驳。离开座位的、蹲在地上的、嘴里哼着小曲的、用力不停搬动桌椅的、反复弯腰捡东西的、隔着老远传纸条的、前后吵架的、左右打架的、大模大样看课外书的、偷偷摸摸喝水的……类似这样的行为每节课在课堂上都同时存在。

期末考试结束意味着我终于可以不用再审视和他们在一起时自己的样子。我感到庆幸，但这种庆幸实在让我羞愧。羞愧之余，我也一直在反思：为什么我在三班能够顺利实现的教学意图，在二班就是难以实现？我试图找寻线索与答案。

从孩子的角度来检视课堂了吗

对二班孩子，我失却了在三班的平常心。总觉得等不起，因为只有两个月的时间。我太想用对三班孩子的标准要求他们，太想在这两个月里为实现这个班级的正常有序贡献自己的一份力量。我这种急切的心理，其实完全无视二班孩子的感受。而孩子们的心思是最明敏的，我的心意不需要我明说他们就能感受到。孩子不会喜欢教师以他人的标准来对待自己，他们更愿意教师是因为他们自己本身而提出各种要求与标准。

我回忆起这样一个教学片段：在三班教学单词 once（一次，曾经），毫无问题。孩子们认真地跟我读，学习拼法以及用法。他们积极发言，朗读单词并练习造句。而在二班教学这个单词的时候，我刚领读，马上就有孩子坐在座位上大声地质问："怎么可能这样读啊？"引来唯恐天下不乱的一帮"小坏蛋们"的哄堂大笑。当时我心平气和地解释了"为什么"，课后也跟同事分享了我的"可以不生气"。后来我才意识到：在二班孩子看似无礼的质问中，其实蕴含着他独立的思考。因为这个单词的拼法与它的发音，与孩子们平时所了解的、熟悉的拼法不一样。如果我在教学这个单词之前，首先指出这个单词的发音不规则，那么，课堂上孩子的质问与哄笑其实就可以避免。事实证明，这些在课堂上爱闹腾的孩子，个性都非常强，他们对一般的"教导"不感兴趣或者无法接受。

回忆起这些，我感到惭愧。那些觉得课堂难熬而不断违纪的孩子，有可能是真正独立思考的。在课堂上，教师不应该过分急于“教导”孩子做一些“应该做的事”，而应该从孩子的角度去检视课堂，调整讲课内容，等待孩子成长。

之后，在教学单词 autumn（秋天，秋季的）之前，我出示了一些含有不发音字母的单词，如：climb（爬，攀登）、know（知道，了解）、listen（听，倾听）、Wednesday（星期三），并组织学生讨论：上述单词中哪个字母不发音？帮助学生明确：在英文单词中，有的字母是不发音的。然后告知学生：单词 autumn 中字母 n 也不发音。在领读单词 autumn 的时候，二班就没有再出现一片嘈杂的情况。

《义务教育英语课程标准（2011 年版）》指出：“由于学生在年龄、性格、认知方式、生活环境等方面存在差异，他们具有不同的学习需求和学习特点。只有最大限度地满足个体需求，才有可能获得最大化的整体教学效益。”如果出现教师试图实现课堂目标，但学生不配合的情况，教师不妨认真反思是否从学生的角度检视了课堂。教师真正地尊重学生的个体需求，及时调整教学目标及过程，就可以不被表面的“纪律”现象蒙蔽，从而真正实现教学意图。

把注意力集中到积极行动上了吗

一开始，我在二班的教学陷入了这样的怪圈：课堂上多次暗示、提醒、批评各种违纪行为，穿插各种恳切的谈话，如“要为自己的学业负责”“不要影响老师和同学们上课”……但收效甚微。他们依旧该干吗还干吗，继续不听课，继续各种捣乱。

一度沮丧之后我默许各种几乎没有声音的违纪行为：看课外书、睡觉、写其他科目的作业、听写单词的时候偷看……义愤填膺的孩子看到了，抗议我的不作为。而我总是回答：“你不告诉我，我也看到了。他的行为在课堂上不合适，我会在合适的时间教育他。你自己认真听课就好了，下次请你不要告诉我了。”这样的回答，居然让那些默不作声的违纪者稍有收敛。他们偶尔参与课堂活动的时候，我会认真地说一句："我很高兴你这会儿听课了，希望你在课堂上用更多时间听课。"渐渐地，这些无声的违纪行为在课堂上逐步减少了。而那些在课堂上闹腾的孩子，到期末的时候，有一半继续闹腾，但是也的确有一半的孩子基本不再闹腾。这个现象值得研究。

我想起精力无比旺盛的杨同学。前一个月，他基本上每节课都招惹周边的同学，甚至与隔着一条过道的男生蒋同学放肆谈笑，为此离开座位走到蒋同学边上抢夺东西也是常事。只要我询问缘由，他必然振振有词；如果我批评，他必定大呼冤枉。后来，有一次在课堂上蒋同学用言语攻击杨同学，我刚巧注视到杨同学。杨同学看着我，双目圆睁，立刻用手捂住嘴巴，我这才意识到他在课堂上至少已经消停两周了。当时我脱口而出："杨同学，谢谢你做到了上课不与同学争执，没有影响我和同学们上课。你做得很好。"那一刻我才想起，两个星期前我对杨同学说过类似的话："我真的很感谢你，在蒋同学挑衅你的时候，你没有理会他。"杨同学在课堂上"不闹腾"的情况持续到了期末。这一切，真的只是因为我说了"谢谢"吗？在听到"谢谢"的同时，孩子还感受到了什么？

不得不感慨"你关注什么，什么就会一再发生"的情况。如果教师过于关注孩子在课堂上的违纪行为，一旦孩子出现违纪行为就强烈而迅速地做出回应，那么，孩子就有可能会变出各种花样来获得教师的关注。教师过度注意学生的消极行为，从一方面看，可以理解成"要求严格"，但从另一方面看，则可能刺激学生做出各种叛逆行为。

在课堂上，教师其实应该更多地去关注孩子的积极行为，并对积极行为给予真诚和持续的肯定与表扬。对难得举手发言的学生，教师不该指出"这是你本星期第一次发言"，而可以表扬"你这个单词的发音很准确"或者"你的语调很规范"。这可以让班上愿意举手发言的学生越来越多，那么，必然可以减少一些孩子因不认真听课做出的各种消极行为。

真实的学习在课堂上发生了吗

在给二班代课的两个月里，我们学习了四个单元，主题分别是：Seasons（季节）、Whose dress is this（这是谁的连衣裙）、What's the matter（怎么了）和How are you（你好吗）。围绕主要句型，孩子们学习了季节类、衣物类、感觉类和疾病类四个领域的单词，以及完成相关语篇的阅读与理解。我认真地备课，利用各种多媒体教学手段努力地设置情境。但即便我准备再充分，事实上，我们只是在模拟一个又一个孩子们生活中不会出现的场景——他们在生活中并不需要用英语来讨论上述话题。课堂上所有的朗读、对话和模拟操练，跟他们所处的真实世界，两者之间根本没有多少关系。这不是真实的学习。

“在今天大多数的学校里，我们常常把学习分成不同的科目。为了定义和集中学习某个领域的内容或某种技能，我们通过分学科来教学——我们把学校的一天整齐地划分为数学、语文、英语、科学以及其他艺体类学科。每个科目又被分割成各种更小的内容和技能，一点一点地让孩子们学。”①

让孩子们这样学习能帮助他们理解这个世界吗？这种方法能够帮助孩子们做好准备，从而充满激情地走进这个世界吗？他们能够学会如何去解决问题或者与他人合作吗？

真实的学习没有在课堂上发生，教师难辞其咎。那些片段的、跳跃的知识点，与孩子们的生活毫无关系，他们不觉得有学习这些知识的“需要”。二班孩子因为极强的个性，在课堂上排斥这种“不真实的学习”而做出的种种违纪行为，给我敲响了警钟。我需要让孩子们感到自己需要发展知识和技能，而不是片面地批评他们“不肯听课”。

---

①利维.从零开始：创建你自己的课堂［M］.杨敏，译.北京：教育科学出版社，2010：24.

在每单元的教学中，我努力拓展一些与他们生活紧密相连的知识。比如，教学 Seasons 这个单元的时候，我找来温度计，指导学生在认识温度计读数的时候学习表示各个季节天气的单词；教学 Whose dress is this 这个单元的时候，我用课件出示很多品牌的衣服，指导学生在认识各种品牌的同时学习衣物类单词。教材提供了一种可能，教师可以基于教材，去设计与学生生活真实相关的学习场景。

“教育是一种促进文化传播的社会活动，其明确的目标是让受教育者的性格和精神福祉（人格）产生持久的好转变化，而且，间接地，让更广泛的社会环境发生好的变化，最终延伸至整个世界。”①而课堂，就是承载教育的最重要的场所。教师在经历挫败并认真反思之后，只有理解课堂应该是孩子“需要”学习事物的地方，而不是教师“传授”学生应该掌握知识的地方，那么，我们的课堂才可能真正有效，才可能培养出做每一件事都能感到有意义的人。

①杰克森．什么是教育［M］．吴春雷，马林梅，译．合肥：安徽人民出版社，2012：155-156.

保护孩子纯净的心灵

如果不下雨，去餐厅的路上我会放任孩子们一路嘻嘻哈哈，直到进入餐厅后孩子们会自动安静下来。而下雨天去餐厅的路就相当曲折了，我们得从北部的教学楼穿过居中的行政楼，再往南部的教学楼走。然后从一条连廊下面进入餐厅，再从餐厅内部的小楼梯转到二楼。在大家进入行政楼前，我总是轻轻地提醒："办公楼里还有老师在办公呢，大家要保持安静，不要打扰他人。"

和我搭班的语文老师是学校的中层干部，孩子们都知道，但是我总是称呼他为"宋老师"，而不是"宋主任"。

学校经常会发通知："明天有某某级别某某领导来校视察，今天各班必须大扫除并美化教室，要通过德育处的检查。班主任要强调学生必须主动跟领导打招呼。明天所有学生一定要穿校服。"我总是只跟孩子们宣布："明天有客人老师来参观，我们要做些准备工作迎接客人来访。"

身为教师，而且是班主任，我尤其在意保护孩子们在成长过程中少受功利、官职、等级诸如此类的世俗影响，让他们的心灵保持纯净，让他们成长得更自然，更像孩子。

所以，在下雨天大家不得不穿过行政楼的时候，我只提醒孩子们"不打扰他人"，而从来不会说"不要让校长看到我们班纪律不好"。这样说会让孩子很容易理解成"校长看不到的时候纪律可以松懈一些"。前面所说是一个人从孩子成长为公民应该具备的良好素养，而后面所说只是在培养媚上、弄虚作假的恶习。

所以，在孩子们面前，我对身为学校中层干部的同事始终保持应有的尊重与礼貌，但不会有刻意的“官称”。倘若我的搭班老师是特级教师，我也绝不会称呼他为“某特”，而依然是“某老师”。我希望孩子们感受到人与人之间的平等。即便对方是行政领导或者特级教师，大家都是同事，人格上彼此平等。我希望孩子能够因此领会到：对职位比自己高、能力比自己强的人，也只需要保持尊重与礼貌即可，没有必要妄自菲薄。

所以，有上级领导来校视察，我只简化为“有客人老师来参观”，并启发孩子们讨论：家里要来客人之前，妈妈会怎么做，怎么教育我们？在讨论之后，我会表达我的看法：“把家里收拾干净，穿上新衣服，客厅里特别买一束花，拿出不常用的精美茶具，这既能在客人面前呈现自己家最好的一面，也是对客人的尊重。这是正确的待客之道。如果家里乱糟糟的，既丢自己的脸，也会让客人觉得不受欢迎，容易产生误会。明天学校也有客人来，我们应该像招待家里的客人一样对待来学校参观的客人。”在这样的解说下，孩子们愿意去大扫除，去用心布置教室，也会在见到客人老师的时候热情有礼地打招呼。

人能否成长为有独立思想的公民，不媚上欺下，在无人监督的时候依然坚持原则、遵守公共秩序与道德，一定与他们的童年有关。我希望，在自己力所能及的范围内，保护这些孩子的童年。我不愿意他们在童年里有这样的感受：把事情做好、行为举止表现好是为了取悦他人，只要不会被查到或者在别人看不见的地方就可以换一套要求与标准。

不用“评优争先”做行为标准，培养学生内心认同的习惯

在取得一定成绩后被评为“优秀”与“先进”的确是喜事，但这不该是教师培养学生养成良好习惯的初衷。我从不跟孩子们提起学校有文明班级评比这件事。“在合适的时间或地点做合适的事”，是我们的班

规，我很注意在各种细节上提醒孩子们遵守这条班规，从而培养学生行为举止要得体。

我班孩子每天进入餐厅的时候，会自觉地将音量放低，而且所有孩子都是缓步走向自己的餐桌的。这个现象被其他同事赞叹过。我从来不提“学校德育处会派人来根据学生的用餐秩序为班级打分”，不然只要班主任稍一疏忽，所谓的违纪现象——狂奔扑向餐桌的现象就会时常发生。我自始至终只是反复强调“餐厅不是奔跑的地方，操场才是。而且，在餐厅奔跑有可能因为地面较滑导致自己或他人摔倒，甚至受伤”。这样的强调会让孩子从内心真正认同“不在餐厅奔跑”的规则并遵守，无论我是否在场，是否注意到每一个孩子。

学校也有检查教室卫生并打分的条例，但我从来不跟孩子们提这个事。我每天早上、课间都会多次去整理讲台以及三科教师批改作业的三张小课桌，让孩子们看到教师在教室里的“个人属地”始终整齐有序，使之成为孩子们自律的范本。我会在晨会课上感谢把教室打扫得特别好的值日生小组：“谢谢你们昨天把教室打扫得特别整洁，今天进教室的时候我的心情非常愉快。我问了几个同学，大家也说教室干净了心情特别好。”这样的感谢次数多了，保持教室（甚至公共场所）卫生的意义会深入孩子们的内心。反之，如果长期用“评优争先”的规则来要求孩子打扫教室，长此以往，孩子会将打扫教室的意义理解成“为了班级卫生成绩不被扣分”，那么一旦身处没有“扣分”的环境中，他们很容易会松懈——大街上、公园里、广场上随处可见的垃圾大概就是这样产生的。

不用“取悦他人”做道德要求，有自己的准则并奉行不悖

孩子在年幼的时候，会开始学会做些事情来取悦他人。有的孩子喜欢在客人来访的时候朗诵诗歌、演奏乐器或者跳舞，以期得到客人的赞美；有的孩子在老师在场的时候做值日特别认真，或者在被老师注意到的瞬间突然挺直腰板。这都不是坏事，却值得警惕。如果孩子

迷恋于他人的赞美与表扬，一旦赞美或者表扬稀疏，他们就容易找不到继续努力的动力。孩子学习各种才艺，应该是源自享受艺术本身的魅力；孩子遵守规则，也应该是内心真正的认同，而不是为了得到表扬。

如果孩子养成做事“取悦他人”的习惯，长此以往，会给他们的成长带来巨大压力。这样的孩子，长大后容易成为备感沮丧甚至厌恶工作的人。

所以，察觉到孩子有取悦他人的倾向的时候，教师要注意引导。“你上课坐得那么端正，我想你一定在认真听讲。今天课上讲的知识你一定都掌握了吧？”这样的句子可以替代“你上课坐得那么端正，应该表扬！”这句话可以让学生理解为：上课坐端正是一个认真听课的学生应该有的表现，跟是否能得到老师的表扬毫无关系。教师一直注意这样引导，学生才有可能不再用“取悦他人”作为自己的道德要求，才会有自己的行为准则，并奉行不悖。

不用“反对规则”做个性目标，培养学生理解、妥协的能力

不刻意取悦领导，并不意味着动辄去反对规则。教师在引导学生不取悦领导的同时，也要注意不放任学生的过于自我。在学生们不喜欢的事情与规则面前，教师要注意引导学生去换位思考，去理解。

学校为了举办儿童节的新队员入队仪式，德育处安排五、六、七三个年级的学生给一年级的学生一对一系上新红领巾。因为人数众多，入队仪式上各班的站位与平时升旗仪式的站位相比有所调整，而且只能利用大课间时间，所以，在大操场上连续进行了三天彩排。刚巧那三天气温特别高，作为旁观者的其他年级的学生每天要在太阳底下站半个多小时，的确有些无聊。到第三天的时候，班上有一个男孩忍不住愤愤地问我：“老师，德育处老师为什么要我们这样站三天？”面对这样的质问，我没有用“集会时间不许说话”来简单粗暴地打发他，但我也不会放任他内心的不满之情、抱怨之心不管，更不会为了得到孩子的更多认同而

简单附和——那都是在姑息、放任孩子动辄用“反对规则”来耍个性。我认真地解释：“我也不喜欢这样的彩排。天气很热，我们又没有安排到活动。但是，对赠送红领巾的哥哥、姐姐和接受红领巾的弟弟、妹妹来说，这个儿童节一定是有特殊意义的。为了那天的活动更加有序，所以我们其他年级也要配合，好让负责老师确认各班的站位、进出场时间等都恰到好处。很多时候，我们对不喜欢的事情也要理解并支持。说不定明年你们也有机会亲手给一年级的弟弟、妹妹佩戴红领巾，那是多么有意义的一件事！我想你们也会很期待别的年级都能够理解并配合你们一起彩排。”这个孩子听后笑了，一副恍然大悟的模样。

教师可以在孩子们面前真实地表达“我也不喜欢这件事情或这个规定”，但是更需要向孩子传达“很多时候自己不喜欢做的事情或不想遵守的规则”对其他人来讲是有意义的、是有必要的。

蒙台梭利说：“任何希望给社会带来利益的人必须保证儿童的心理不偏离正轨，并且需要密切注意儿童的自然行为方式。”[①]所谓“儿童的心理不偏离正轨”，我理解成：在儿童时代，孩子的心灵应该保有童真与纯净。因此，教师要保护孩子们的心灵不受到世俗功利、偏激思想的影响。“儿童中隐藏着未来的命运。”[②]我深信：未来掌握在今天的孩子们手中，而教师则应守护着孩子们的童年，保护好他们纯净的心灵。

---

①②蒙台梭利．童年的秘密［M］．金晶，孔伟，译．北京：中国发展出版社，2006：183.

重视“侧面教学”

最近读书，外版图书的内容比中文原创图书的内容更打动我。比如克里希那穆提、怀特海的著作，又如近日读的一本《美国最优秀教师的自白》。先后有两个老师一直建议我少读教育类书籍，他们哪里知道，我读教育类书籍也只是近三四年的事——实在是自己喜欢的闲书已经看得差不多了，才修身养性正式开始读教育类书籍的。

我在“侧面教学”一词前几乎屏息。它怎么能这样真切地说到我的心底？怎么能把我的一些想法与行动如此精练地表达出来？还是，我的想法与行动无意间吻合了“侧面教学”这个词？

相对于课堂的“组织教学”，在教育中更具影响力的其实是“侧面教学”——教师在课间对学生进行的教育。比如经过走廊、课后，以及几十次老师和学生的单独碰面，无论时间多么短暂，这才是主要的教育。

和正规的课堂教学相比，非正式的、随意的交谈对一个人的行为产生的影响要大得多。我的学生以后的英语学习还会持续很多年，在那么多年的学习生涯中，他们会遇到更多英语素养比我更好的教师，他们凭什么记住我呢？就凭我教过他们几个单词吗？

有的孩子，记住的是老师的微笑；有的孩子，记住的是老师的拥抱；有的孩子，记住的是老师说过的一句温暖的话；有的孩子，记住的是老师在课堂上讲的“一段闲话”——真的很少有孩子，会因为某个单词、某个句型学得特别有趣而记住一个老师。

想起经常质疑自己的一句话：仅仅作为英语老师，在不当班主任的时候，我是不是越位了？

或许，那些“越位”，其实都是“侧面教学”。或许，正因为这样无意的“侧面教学”，才更好地发挥了教师的潜能，我才获得了改变学生的好机会。温馨、安全的师生关系，或许真能创造出奇迹来。

想起女孩倩了，她的成绩一直在良好以下。那天上课的时候，我突然失忆了，想不起来她的名字——刚开学，许久没有念叨的 150 个名字，有些陌生了。课堂上尴尬的我，只好叫座位号请她发言——这当然是太严重的疏忽。当时我也微笑致歉了，但是她的失落感我看在眼里了，或许我的道歉有些轻描淡写。

课间，她来订正作业的时候，我再次向她郑重致歉，真的想要她知道：老师很在意她的感受。通过这样的“侧面教学”，她以后会对英语学科更在意一点吗？

又想起源，那个高大的男孩子，英语成绩一直在 90 分上下徘徊。在英语课上，因为一个单词 strong（强壮）他被同学反复提起，我注意到他的尴尬后马上阻止学生这样说，并且及时安慰他：“这个单词不是一个贬义词。”

从那以后，他常常在我下课后就跑到讲台上来与我闲聊几句，经常问的是：“老师，需要我帮忙吗？”他的眼神总是如此真切、动人，我不再总是请课代表帮我收拾本子，而是将这个任务留给他。一次测验后，他又跑到办公室来问我：“老师，试卷批好了吗？”我要批昨天三个班的家庭作业，今天又上了三节课，还没来得及批呢。突然间有了个念头，问：“你可以帮我批一下选择题吗？”他面露喜色却偏要小心翼翼地追问我：“老师，我可以吗？我可以这样帮助你吗？”

他这样小心，有些刺痛我。源，请原谅我，我一直不知道你是如此渴慕帮老师做点小事，你或许更渴慕有更多机会接近老师。

我轻轻地安排他坐下，请他帮我批改选择题，也在心里轻轻地对自己说：“要记得关注更多孩子这样的愿望啊！”

知道“侧面教学”并非如表面上那般随意或许完全出于偶然，如果疏忽，如果粗心，如果不关注孩子，这样的机会或许永远不会出现在我的面前。每一次看似无意的“侧面教学”，其实都建立在良好的师生关系基础之上。

我愿意相信，教师的个人魅力，以及不经意间的话语和行为，与课堂教学相比能够发挥更大的作用。

我也愿意相信，“组织教学”难以使我成为孩子心中的“重要他人”，但通过“侧面教学”建立起的师生关系或许有可能对孩子的生活产生深远的影响。因此，我小心翼翼、真诚地面对每一个孩子。

第二章　让学生看见你的爱

让学生看见你的爱

没有良好的师生关系就没有良好的学习效果，美国耶鲁大学的儿童精神病学专家詹姆士・考莫尔这样说。可见，良好的师生关系就像一根连接教学、课程以及一切教育事务的线。如果线断了，或者从来没有穿起这根线，那么整个教育体系将会崩溃。

一提到“师生关系”，在国内听到最多的一个词，就是“爱”。相信每一个母亲都是爱自己的孩子的，可是仅仅有爱，并不等于就能很好地教育自己的孩子。同样，我也相信大多数教师是爱学生的，可如果只凭借“爱”的情感，并不能够轻易地建立良好的师生关系。

黎巴嫩诗人纪伯伦说过，所有的工作都是空洞的，除非有爱。工作，就是把爱变成看得见。其实，教师面对学生的时候，也应该要“让学生看见你的爱”，不然，再多的“爱”，也是空洞的。我们应该把“爱学生”的情感变成“看得见”的态度、策略和技巧，这样才能建立起专业的师生关系，才能收获良好的教育效果。

秉持专业的教育素养

教师的专业素养具有显著的双专业性，即学科知识素养专业化及教育素养专业化。众所周知，教师需要对自己所教的学科有广博的知识。那么，何谓专业的教育素养呢？苏霍姆林斯基说：“教师的教育素养的一个很重要的因素，就是要懂得各种研究儿童的方法。”他还说，“没有扎实的心理学基础，就谈不上教育素养”。[①]因此，在教师的学历普遍达标的今天，教师的教育素养专业化问题，更值得探究。

所谓教师的教育素养，或许不能全部列举，但至少应该包含下列内容：善于学习，善于自我反省，善于了解儿童的心理特点，善于识别学生不同的学习、游戏、交往能力，并善于把观察的结果转变或体现为对学生施加个别影响的方式和方法。

教师，是一份需要高度专业技巧的职业。因为它的专业性，我愿意凭借自己的专业态度、专业知识和专业技能去赢得学生与家长的尊重，它或许比“爱”更可信些、更亲近些、更真实些。

建立专业的师生关系

“许多教育问题的根源在于师生关系。任何的学校改革要有成效，首先必须改变师生关系。”[②]汉恩・吉诺特在《接受我的爱：老师如何跟学生说话》一书中写下的这句话，得到很多教育界的专家、学者和一线教师的认可。如果说专业的教育素养是有效教育的前提，那么专业的师生关系就是有效教育的保证，由此可见专业的师生关系在教育中的重要地位。综观当今的师生关系，或者过于刻板——师生之间非常疏离甚至敌对，或者过于随意——师生之间非常亲昵甚至放肆。

那么，究竟怎样才是专业的师生关系呢？

我们当然拒绝前者——过于刻板的师生关系，但是后者——过于随意的师生关系，也不是恰当的师生关系。

“为了建立师生之间的友谊，必须具有巨大的丰富的精神财富。缺乏这种精神丰富性，友谊就会变成一种庸俗的亲昵关系，而这对于教育

---

①苏霍姆林斯基．给教师的建议［M］．杜殿坤，编译．北京：教育科学出版社，1984：417.

②吉诺特．接受我的爱：老师如何跟学生说话［M］．许丽美，许丽玉，译．北京：中国广播电视出版社，2009：34.

是一种危险的现象。”[①]苏霍姆林斯基这样说。由此可见，我们不应该将师生关系庸俗化，不应该把“爱”停留在口头上，而是应该努力建立起专业的师生关系。

师生不必成为朋友。美国年度教师罗恩·克拉克说：“我不是来这里跟他们做朋友的。我是来这里教他们的。”[②]

其实，岂止克拉克这样说呢，美国另外一位年度教师詹森·卡姆拉斯也说：“我并不建议你与学生成为朋友。”[③]

师生何必是朋友?

如果教师太严厉了，孩子们就会反抗；但如果教师过于想使孩子们喜欢他，他的教学秩序就有可能严重失控——教师必须掌握好平衡。

师生可能是朋友吗?

从《论语》中读到的：“道不同，不相为谋。”“朋友”，是何其慎重的一个词，我从来不敢轻易使用。

岳飞说：“欲将心事付瑶琴。知音少，弦断有谁听？”

辛弃疾说：“知我者，二三子。”

白居易说：“平生知心者，屈指能几人？”

…………

所谓朋友，是那个你愿意交心的人。很多时候，与朋友在一起，是连话也不必多讲，只在一颦一笑之间就可以获悉对方心意。而很多人，或许很熟悉，但却一辈子都不能真正走近。朋友之间，是真正愿意彼此倾心相助的。而我的学生，这些跟我的女儿年纪差不多的孩子，他们的阅历、学识、性情、修养、喜好与自己差距太大，他们不适合和我成为一般意义上的朋友。

当然，也有个别学生长大后与我成为朋友的。最典型的一个是我最

---

①苏霍姆林斯基．给教师的建议［M］．杜殿坤，编译．北京：教育科学出版社，1984：318.

②③李茂．在与众不同的教室里：8位美国当代名师的精神档案［M］．上海：华东师范大学出版社，2007：29，244.

初的学生，后来我们成为大学校友，如今是同行——她是高中教师。我们之间有太多的话题：她的童年、我的青春、我们共同的家乡，还有我们如今共同居住的城市，以及我们从事的相同的职业——教师。

师生成为朋友的特例，或许可能是发生在学生离开我的课堂之后。

不说“做朋友”，但我愿意我的学生乐意坐在我的课堂上，愿意他们喜欢跟我在一起，愿意他们在我的课堂上以及与我相处时能得到乐趣。为了这些，我愿意多体察他们的处境，同情他们的感受，尽量减轻他们的学习压力，努力维持他们对这门学科的兴趣，也传达更多的温情，陪伴他们成长。

不说“做朋友”，但每一次面对学生我都愿意更多一点儿儿童立场，更多一点儿自我反思，进一步拓宽自己看教育的角度与视野——无论如何，只要我还是教师，我都在对未来的世界施加影响。

不说“做朋友”，但我会常常提醒自己：善待每一个生命，以恰当的方式了解每一个学生，尊重他们是有着独特经历的独特个体，静静地守护他们。

学生喜欢不是目的。曾经遗憾，为暑假里错过了与威廉·布朗先生（美国年度教师）并肩工作的机会，但幸好一直在读他的文字。

他从来都让我感觉亲切——中美文化的差异何其大，我们的思想与情感其实太不相同。然而，当我们都作为教师面对儿童的时候，我们的心意却惊人地相通！

比如，他说：“学生喜欢不是目的。”

对极了！我不能自已地要欢呼。

很多教师的心愿是做一个孩子们喜欢的老师——这样的心愿曾经让我质疑，能够成为孩子们喜欢的老师，是运气与机缘。人与人之间的性情千差万别，被所有的孩子都尊敬，已属不易；让所有孩子都喜欢，怎么可能？如果立下这样的心愿，只怕今后会一路收获失落与失意——喜欢你的孩子当然有，但不喜欢你的孩子也一定存在。

而且，学生喜欢就是目的吗？

布朗先生说："我发现，教师备课时可能犯下的最严重的错误是讨好学生，即让学生喜欢他们。我们都喜欢被别人喜欢，被接受是一个基本的人性需求。但是，教师领这份薪水不是为了被喜欢。我们付给教师工钱是为了让教师教学生，带领他们在发现之路上不断前进——对世界的发现和对他们自身的发现。"①

被学生喜欢，应该是成为一个具有高度专业素养的教师之后的副产品，而不应该是教师最直接的目的。有的青年教师，在踏上教育工作的起始阶段，常常流露出过多的柔情，常常急于向孩子们表述：我愿意和你们成为朋友。

在布朗先生这里，我找到了至为动人的共鸣。他说："我不认为，如果教师成为学生的'密友''朋友'或'伙伴'，师生之间的信任关系就能够建立。'伙伴'并没有操心对方学习、提高和成长的义务。他们相互陪伴，或许一直玩玩闹闹。如果有一方做错了什么事，没有多少朋友会训导对方。大多数朋友只会向对方提供支持，那才是朋友所为。而教师，则是在规训和尊重的基础上为学生创设出有利于学习发生的环境。师生关系的一个基本前提是，他们是不平等的，一方是教师，另一方是学生。"②

教师不要急着计划和学生成为朋友，也不要从一开始就以"成为学生喜欢的教师"为目的，不妨做一个在学生面前目的明确的教师。无论是备课还是上课，教师都要有明确的教育目的——发展和提高学生的学习；无论是课间还是课下面对学生，心里也要有清晰的教育目的——及时教导他们分清行为的是非对错，而不是发泄自己的怒气。

把爱变成看得见。面对学生的疏忽、失误和过错，教师要用专业的态度、技巧去善意地提醒，温和地指正，让教师对学生的"爱"变成

---

①②布朗，李茂 . 学生喜欢不是目的［J］. 中学生阅读：初中教研版，2009（12）：5.

“看得见”的具体行动。

【案例 1：教学生习惯说“谢谢”】

在新接班的四年级教室里第一次陪伴孩子们用餐时，我甚为吃惊——我给全班孩子盛汤，居然没有一个孩子跟我道谢！

我不动声色，按顺序给每一个孩子分好汤。在自己吃饭前，微笑着对孩子们说：“上个学期，我在六年级教室里给大哥哥、大姐姐们盛汤的时候，要一口气说上 40 多遍‘不用谢’。你们知道是为什么吗？”

孩子们都笑起来：“因为他们一定说了‘谢谢老师’。”

“我们每个人都要对别人对你的服务与帮助致谢。希望下次老师来给你们盛汤的时候，不要让老师省略‘不用谢’哦！”我认真地提醒着。

今天的感觉好极了。大多数孩子在我给他们盛汤的时候说“谢谢沈老师”——我不认为这是形式主义。良好的礼仪就是在细微之处显现的。我愿意我的孩子们能够从小就这样践行，并且成为终生的习惯。

[小贴士] 爱心只能靠爱心来培养，礼貌亦如是。爱学生，就是用礼貌的方式教会学生懂礼貌，而不是大声斥责、批评他们不礼貌的言行举止。

【案例 2：及时表达对学生的安慰】

这天中午，先吃完饭的孩子们在走廊里玩。一个孩子走进办公室，哭丧着脸对我说：“老师，我的手上被 ×× 同学用笔画了道线。”

我微笑着，不打算追问诸如“你们吵架了吗？”“他打你了吗？”“为什么闹矛盾？”“你先去把他找过来，老师先调查一下好吗？”等问题。此类问题将花费自己大量的时间与精力。

我轻轻地将孩子的手握在自己手里，然后满脸同情并很认真地问：“很痛吗？有没有问题？”再一遍遍温柔地抚摸，慢慢揉着那道黑线（水笔线）。然后，再问：“现在好点了吗？还痛吗？”

孩子粲然一笑，“不痛了，老师”，说完就继续出去玩了。

看着孩子蹦跳离去的身影，我也笑了。

[小贴士] 在这个时候，孩子更需要的是教师的共情。教师如果说：“不就是被画了一道线吗？有什么痛的？男孩子要坚强点儿。”那就将孩子那颗想要靠近教师的心推得远远的了。而教师过于较真儿地想去追究怎么回事，也是小题大做。爱孩子，就要懂得，很多时候孩子来找你，只是为了寻求安慰而不是找你调查真相。

【案例 3：善于用担心替代愤怒】

课后批改讲评过的练习纸，批到学生寒的练习纸时，我轻轻叹息。寒的 12 个单选题，看到有订正痕迹的有 11 个；5 个阅读理解题，全部有订正过的痕迹。换句话说，他的这两大类题基本上都做错了，只是在我讲评的时候全都订正了。

怎么可能错这么多？唯一的可能就是他是胡乱做的。

我请寒过来，对他说：“寒，老师仔细研究了你的练习纸，发现你单选题和阅读理解题的正确率很有问题。老师真的很担心你的英语，我决定——”我微笑着看他，但又做出很悲壮的样子。

寒吓了一跳。不等他说什么，我深吸一口气继续说：“老师决定好好帮助你学习英语，尤其是单选题和阅读理解题这两大类题。老师决定每天放学后抽时间来重点辅导你。”

我没有批评他，只是陈述了我看到的现象——他的作业错了很多；只是表明了我的态度——我很担心他，愿意抽时间重点辅导他。

寒看了我一眼，深深地低头说：“老师，我不是不会做，我是乱做的。请你原谅我，我以后不会再乱做英语作业了。”

[小贴士]“我很担心你”的倾诉，比起“我很生气”的抱怨，还有“你真不自觉真不乖”的斥责，更能唤起孩子的自省。爱孩子，就要相信孩子的心灵无比明敏，他们能够敏锐地知道自己“愿意怎么做”，

并且为之付出努力。

【案例 4：尽量使用陈述句】

课间，我伏在讲台上批改部分孩子的订正作业。两个男孩——力和东，手持乒乓球拍从我身边嬉笑而过，大概是要去外面打乒乓球。东“说”了一句粗话，力不恼，并且也不以为意——所以我把它定义成“说粗话”，而不是“骂粗话”。

在这样的忙碌中，其实可以忽视这个小小的场景。然而，听到这样的话语，再留意到力的不恼，我心里很不自在。

叹口气，放下笔，我还是把两个孩子叫过来，温和地告诉他们：“东，我刚才听到你说了一句粗话。”

我习惯就事论事，尽量避免使用疑问句——不追问“你说了什么”，不反问“你以为我没听见吗”——而是直截了当地陈述事实。而且，我非常注意措辞，只说“我刚才听到你说了一句粗话”，而不是说“刚才我听到你用粗话骂了力”——若这么说，东一定辩驳：“我不是骂他，只是开玩笑。”而且，力也会觉得我小题大做、大惊小怪。

东有些羞愧地不说话——他是没有什么好说的，因为我只是在陈述事实。

然后，我认真地嘱咐他们：“说粗话是不文明的表现，希望你们做文明的孩子，不要随口就说粗话。”

两个男孩都笑笑，然后安静地离开。

[小贴士] 对教师而言，最好的教育方法是使用陈述句，直接要求学生做什么，而不是通过疑问句来指责他们做错了什么。这种方法对学生特别有帮助——明确指示他们应该做什么，而不是抱怨他们没有做什么。爱学生，教师就应该多用陈述句，少用疑问句。

国际著名的民主教育理论家和实践者黛博拉·梅耶尔说：“学校的

成败，最起作用的因素是学生与成人建立起来的关系。”[①]而在学校里的学生与成人的关系，其实就是师生关系。我相信，只有专业的师生关系，才是点燃教育的“火花”。我们必须找到这个火花，实现真正的有效教育。

建立专业的师生关系，是一个需要教师耐心地掌握种种专业态度、专业策略和专业技巧的过程。只要我们秉持教师的专业素养，“让学生看见你的爱”，就一定能够建立起专业的师生关系。

真的期待：每一个教师都能和学生建立起专业的师生关系。

①李茂. 在与众不同的教室里：8 位美国当代名师的精神档案［M］. 上海：华东师范大学出版社，2007：246.

做一个让学生保有童年天性的教师

我知道自己从来就不是听话的"乖"老师，甚至很清醒地知道自己一直不是领导心里、眼里听话的"乖"老师。我不在意领导对我的评判。他们如果表扬我，我会自省：我真有那么好吗？他们如果批评我，我会质疑：我真有那么糟吗？他们的表扬，若是发自内心的肯定与赞美，而不是用来勉励其他同事的素材，我会微笑收下；他们的批评，如果在理，我会虚心接受，如果是因为我没有很好地迎合他们的品位，那么，就一笑而过。

我只在意，在孩子们的世界里，我是不是个好老师；我只在意，孩子们有没有因为我的存在而感觉到幸福。

队伍，有时候可以不那么整齐

孩子们无时无刻不在排队，出操、去专业教室、去餐厅、放学……我想不起孩子们有自由行走的时候，想不起孩子们有三三两两在校园里慢慢叙话的漫步时光。一切都要排队，一切都要打分，一切都要列入班主任考核条例。

被扣钱是小事，重要的是，领导将以此来评判你是不是个会带班的班主任。

经常看到，中午 12 点，当成年人和孩子都饥肠辘辘的时候，还有班主任让全班孩子"立定"，板着脸训斥队伍不整齐，并且重整队伍。如果领导看见了，或许会赞赏：这是一个多么重视班级纪律的班主任！但我每次遇见，常常忍不住心疼那些饥肠辘辘的孩子。我们班的孩子常常一路说说笑笑进餐厅，队伍歪歪扭扭。我还时不时打趣一些调皮捣蛋的孩子，引得全班学生哈哈大笑。我不在意那一刻我留给领导的印象，只在意我的孩子们能否及时、愉快地用餐。

当然，孩子们就餐时候的基本纪律我会维持。不是为了班级的纪律分数，而是为了培养孩子们基本的素养：嘴巴里含有食物的时候不要说话，交谈的时候尽量把声音放到最低。这些习惯，会令他们终身受益。

吃完午饭，学校要求整班排队散步。有很多班级由正、副两个班主任维持纪律，大家规规矩矩地排队，去学校某个区域活动，队伍很安静。而我们班，在餐厅排队的时候队伍还是安静而整齐的，一旦离开餐厅，探听好当日去的区域，孩子们便纷纷乱了阵脚。有的飞奔，有的故意落后找好朋友并排走。我知道还是会有领导巡查，我也知道会有打分，但是我乐意看到这一刻孩子们如出笼的小鸟，享受他们本该拥有的自由。

我不是抗拒排队。出操时候的队伍，必须是严肃而安静的；去专业教室的队伍，也该是整齐有序的；放学从班级到校门口的队伍，或许也可以是相对整齐的，但总该给孩子们留些自由自在地行走在校园里的时间吧，至少，就餐来回班级的队伍，要求可以不那么严格吧？

教室，有时候可以不那么美观

现在的教室内外有多处需要布置的地方：黑板左右两边的两块小软木板、教室右边墙壁的小软木板、教室后面的大软木板，一律用深蓝色的绒布打底。还有教室门口的玻璃框、走廊里的玻璃框——没有黑板报，都是软木板，只能打印、剪裁各种资料和花边去张贴与装饰。

十分怀念我们小时候教室后面的黑板报，怀念两周一次轮流出黑板报的活动。那是属于孩子们的天地，一盒粉笔就可以搞定。可是现在，孩子们没法自行打印东西，所有的教室布置基本都是由正、副班主任落实。因为，学校领导要反复巡查、打分。

教室布置分三大块打分。我们班的成绩分别是：合格、优秀、良好。

“合格”其实是非常含蓄与客气的评价，潜台词其实是“不合格”。因为，凡是得到“合格”等第的项目，必须整改，领导会再次来巡查、打分。

我笑笑，回到教室告诉孩子们：“班级风采”得重新布置一下。孩子们二话不说，开始动脑、动手。

没错！就我们班，我全部放手，让孩子们自主设计、布置教室内外所有的软木板与玻璃框。这是孩子们的教室，这是他们学习的空间，理应由他们来布置，而不是凭我和副班主任的喜好来装扮他们的教室。

我没有像其他班主任一样，买好看的装饰品，找广告公司排版、打印漂亮的图片与文本。我不介意我的班级布置得最低分，但我乐意看到孩子们布置教室时的兴奋与快乐，我能感受到他们发自内心的归属感——这是我们的教室！

孩子们极其用心。心怡从家里带来她妈妈（是个幼儿园老师）做的精美的纸雕，凡凡很利索地跑到文印室跟负责老师交涉打印出他们需要的彩色图片，思思片刻之间用剪刀、彩纸剪出漂亮的花瓣……对孩子们的手艺与作品，我都不吝惜我的赞美：“怎么这么好呢？我的美术水平可是极糟糕的！”当然，美术水平极糟糕的我，还是会对他们的作品与设计指指点点，提供一些微调的建议。孩子们非常友好地称赞我：“沈老师，你还说你美术水平差，你的建议我们一采纳，效果就是比原来好很多呢！”

得了“合格”，我并不介意领导怎么评判我。可是我的孩子们不乐意了，他们逐一到其他班级侦察，然后回来气鼓鼓地点评、发表意见。我提醒他们：要接受自己的工作成果并不优秀这一事实，我们努力调整即可。

玩耍，有时候可以不那么规矩

孩子们在午餐后有一小段时间可以活动。学校规定是由正、副班主任领着孩子去散步。排着队散步，是怎样的无趣啊！

我不说“不”，但低调地另出花样。

学校高尔夫草坪前有一条人工的小溪流，操场上的体育看台后面也有一条人工小溪流。一开始午饭后我会带孩子们在溪流边泼水玩。爱水是每个孩子的天性。没想到有些孩子无比狡黠，天天自己带好衣服、裤子甚至鞋子，他们不介意同学们对着他们泼水，甚至得意洋洋于自己的衣服、头发尽湿，到后来居然有孩子主动跳进水里去狂欢！

看着孩子们的活泼模样，听着他们每天请求“今天还去玩水吧”，我总是不忍心拒绝。于是，每天午饭后的校园里，就我们班天天过着“泼水节”，欢声笑语洒满整个校园，令其他班级的孩子羡慕到驻足！

活动结束，孩子们的队伍站得歪歪扭扭，大多数孩子头发湿淋淋的。直到教学楼前，我才会整队，就说一句话：“现在我们要进教学楼了，请大家保持安静，以免影响别的班级。”不影响他人才是纪律存在的真谛，很多时候，教师却把“要扣分”理解成了维持纪律的意义。

很奇妙，刚才玩得那么疯狂的孩子，立刻成了最安静的孩子。在我们班级，从来没有在教室里追逐打闹的习气，也从来没有在教室里大声说话的习气。我一直有个要求：没有作业想活动的孩子，请到教室外面去；和同学有话交流的，请到教室外面去。每天的“泼水节”是孩子们最好的发泄。“动”过之后，真的能够“静”下来。看着他们在教室里安静地阅读，轻轻地走动，我会觉得教室真是最美妙的地方——孩子、书籍、生命，互相交融，互相辉映。

我深信，很多年后，没有几个孩子会记得我是怎么教他们读单词学英语的，但是，大多数孩子会记得九月份每天的“泼水节”。

天凉了，不能玩水了，就换别的花样吧！我常常带孩子们去草坪玩，要求是“请大家在草坪上打滚，至少滚上十个”。孩子们常常是一边欢呼着冲向草坪，一边嚷嚷："让我们一起滚吧！"看着满地欢快打滚的孩子们，我满心喜悦。我看到了自己身为教师的价值——孩子们因为我的存在而感觉到幸福。

安全，有时候可以不那么重要

现在的校园里，"安全第一"的意识人所共知。为了不出"安全事故"，教师把孩子们"守护"得严严实实——规定孩子们不能追逐，不能奔跑，他们没有机会在校园里自由行走。

不追逐、不奔跑还能称之为"孩子"吗？

孩子们的安全固然重要，但有时候我们真的可以淡化一些安全意识。

艺术节开幕式时学校要求各班自行设计班级方阵的出场仪式。大多数班主任不外乎让孩子举个小旗、挥个纸花之类，我怀疑孩子们并不喜欢这种方式。于是我跟孩子们一起讨论，最后决定：我们的班级方阵以脚穿溜冰鞋的方式出场。当然并不是所有的孩子都会溜冰，所以我把孩子们分为两个板块：会溜冰的和不会溜冰的，然后各自安排。

没想到的是，很多不会溜冰的孩子临时去买溜冰鞋，临时学起了溜冰，并坚决向我申请也要参加会溜冰的小组。他们不仅在家里练，还把溜冰鞋带到学校，在课间十分钟的休息时间也抓紧训练。

在考虑"安全"因素与满足孩子们的"愿望"之间，我选择了后者。艺术节开幕式上，我们班当时 31 个孩子，有 24 个孩子穿着溜冰鞋，虽然有些摇摇晃晃，但排成了一个别具一格的方阵（另外 7 个孩子有别的安排）。当我们这个方阵出现在全校师生面前的时候，很夺人眼球。孩子们享受到了锻炼与展现自己的快乐，兴奋之情溢于言表。在这个过程中，也许会有意外——比如磕破皮，但是，只要护卫工作做得好，提前跟家长沟通好，孩子偶尔摔一跤，能称之为"事故"吗？

秋游的时候，大多数班级的孩子背着一包食物，排着队跟老师行走，然后找一个地方坐下来吃食物。而我，选择了河边的一块平地，让所有孩子都放下背包，尽情去玩。有的孩子用水枪互相射击，头发、衣服尽湿；有的孩子在河边的石块上跳来跳去。我不怕他们出意外，这么大的孩子（小学六年级）有足够的判断能力——什么幅度、范围内的活动是安全的。我远远地坐着，密切地关注着。偶尔有个别调皮鬼显得有些离谱，我走过去招呼一声，他们会马上听取建议停止不当行为。

如果囿于“安全”问题，孩子们会有这么自由自在的秋游活动吗？如果秋游只是孩子们排着队规规矩矩地跟老师转几个圈，还有什么乐趣可言？

我班的孩子们在河边疯玩的时候，也会遇到领导巡查。领导看着我远远地坐着，放任孩子们跳来跳去，不由得对我皱眉。我笑笑，站起来跟各位领导打招呼问好。

我常常会想一个问题，也常常问我的年轻同事们这个问题：如果你自己的孩子也上学了，你愿不愿意把自己的孩子交到一个特别“有本事”的班主任手里？这个“有本事”是指这个班主任带的孩子们永远都是规规矩矩的。

这个问题常常会把年轻同事问倒。他们会沉默。我愿意看到这样的沉默。因为，在这样的沉默里，一定有他们的独立思考。

做一个所谓的“乖”老师，把孩子们管得服服帖帖，让领导们一致赞不绝口，还是做一个让孩子们保有童年天性的老师，这得自己选择。我选择了后者。作为教师，或许，我真的从来都未曾“乖”过，但我依然会一直努力，做一个符合自己和孩子们标准的好老师。

做一个让学生信服的教师

即便对同一个班级的孩子，各个任课教师的评价常常会出现很大的差异。“这个班的孩子很好沟通”和“这个班的孩子难以管教”两种迥然不同的评价经常会同时出现。尤其是一些特殊孩子，他既可以对这个教师言听计从，也可以对那个教师爱理不理、拒不合作，乃至出言不逊。

从教师的角度看，一个不好“管理”的班级，学生都令人气馁甚至恼怒。但是，从学生的角度看，其实不难明白，有些教师的确能够让学生信服，而有些教师则不尽如人意，甚至完全不能令人信服。

因此，教师应该也必须成为让学生真正信服的教师。

尊重孩子的需求

2016 年 3 月，在一次教育研讨活动中，上海市某区教育学院的一位专家列举了一系列调查数据。在“学生最不能接受的教师行为”中，2010 年的调查结果排在前三位的是拖堂、污蔑学生和不公正；而 2014 年的调查结果排在前三位的是拖堂、污蔑学生和抢占其他学科教师的时间。可见，拖堂一直是学生最不能接受的教师行为。尽管可以用“认真负责”“兢兢业业”这些美好的词汇来掩饰，学生还是不会信服这样的教师。经常拖堂的教师，即使对学生提出的要求合理，有时候学生也不愿意接受，自是不难理解。

我自己从不拖堂，所有的作业都安排在课内完成。有时候自己没把控好时间，题目讲了一半下课铃声响起，我会二话不说直接下课。而给孩子预留写作业的时间，必然要考虑到班上写作业速度最慢的孩子。作业时间留得不够多，学困生必然要把作业留到课后，而且质量会很差。再指望这些孩子在课间主动完成作业，那几乎是不现实的。

另外，如果遇到我的英语课前一节课的教师有拖堂的现象，我会私下里与之正面沟通。如果遇到特别“敬业”的同事，多次沟通无效，甚至多次出现我的英语课预备铃响过之后他才肯下课的情况，那么在他那节课下课铃响之后，我就会进入该班教室，微笑着对该老师说：“老师，现在是下课时间，请你同意让孩子们休息。”

现在的课间休息时间已经缩短为8分钟——因为每节课上课之前有2分钟的预备铃，预备铃响起之后要求学生都进入教室。很多教师争分夺秒地利用这2分钟时间，做口算、默写，等等。而我对这2分钟，永远只提一个要求：“请大家在桌子上放好英语书，然后趴下休息，最好闭上眼睛，因为你们的视力需要保护。”

保护孩子的身心健康

有一次，科学老师与一位校领导带学生外出参加比赛。在车上校领导问学生：“你最喜欢哪一个老师？”那个孩子答：“沈老师。”领导再问：“为什么？”孩子答：“因为沈老师经常提醒我们喝水、上厕所。”比赛结束后，科学老师将对话转述给我听。那时刚参加工作的科学老师很惊奇，一个三年级的孩子最喜欢的老师居然不是班主任，而理由居然如此简单。

其实，对孩子而言，他们根本不在乎他们的老师是否考核优秀、是否被评为先进教师、是否被评为学科骨干教师、发表了多少论文，他们只忠实于自己的感受。

每一个课间，只要有空出现在孩子们面前，我就会一再提醒他们：

不口渴也要喝水，当你感到口渴时再喝水，你的身体已经严重缺水，时间长了会生病的。

每一个小朋友都需要喝水，没有喝水不能上课。

要先上厕所再去玩，省得来不及上厕所。

天气热了，小朋友一定要穿凉爽一些。不要穿高领的衣服，运动之后会不舒服。尽量穿短袖，早上可以穿一件外套。

活动课开始，我一定会根据气温，先让孩子们脱外套，以免因为穿太多而出汗，导致感冒。

午餐的时候，我会反复叮嘱孩子们要尽可能不挑食，尤其是多吃蔬菜。遇到不肯吃蔬菜的孩子，必然反复动员："吃了蔬菜身体才会更好，个子才会长得高，人才会越来越聪明。"有时候甚至使出"撒手锏"——要求学生至少选择一样蔬菜并把它吃完。

我一直记得自己学生时代冬天在教室里的遭遇。我的座位靠前，轮到坐门口那一周，冬天经常整节课整节课地挨冻。教室的门一直开着，而教师站的地方离门口比较远，而且上课的时候会来回走动，所以教师可能不会觉得冷。轮到我做教师，每年天气转寒，我不仅在教室的门上张贴"请随手关门"的告示，还要反复跟学生解释这么做的理由，提醒大家体贴坐在门口的同学。

有时候，即便不是冬天，深秋、暮春时分，一旦开着北边的窗户，窗口附近的同学就会感觉寒意袭人。有的教师出于好意，为了保持教室空气流通，早上进班就把所有的窗户打开。如果不及时关窗，窗口附近的孩子就容易感冒。有一次，都 4 月份了，某班上午第二节课是我的英语课——这个班我不担任班主任，早上没有进过这个班。一个坐在窗口附近的孩子看到我进去，就热切地问我："沈老师，能不能把窗关上？太冷了。"我自己带班级就会特别注意，除非天气很暖和，一般情况下上课的时候一直会关上北边的窗户。但是在课间活动时间、中午用餐时间，以及孩子们上体育课、活动课时，我都会及时去教室开窗，以确保教室内的空气流通。

保持自己的童心

年幼的孩子似乎天然地具备甄别年龄的能力，他们喜欢与自己年龄相近的人接触。一般情况下，孩子喜欢的人，首先是哥哥姐姐，然后是叔叔阿姨，最后才是爷爷奶奶。但如果再仔细研究一下，就会发现孩子不仅具备甄别实际年龄的能力，也具备甄别心理年龄的能力。一个是嫌弃孩子的青春期少女，一个是像老顽童一样的成年人，如果他们同时出现在孩子身边，要不了半小时，孩子就会筛选出最具备童心的那个人，并与之亲近。

孩子看待教师也如此。年轻教师有天然的年龄优势，孩子们总是更喜欢年轻教师。一个刚参加工作的老师和一个工作了 20 年的老师站在孩子面前，大家都不说话，只是微笑地看着孩子，让孩子在两者之间选一个做自己的老师，大多数孩子会选年轻老师。如果这两个老师同时成为孩子的老师，相处一段时间后再让孩子二选一，这时的选择必然不再是因为年龄，而是因为童心。哪个老师更具备童心，孩子就更愿意亲近哪个。

有时候我觉得，自己教书这么多年，教着教着也把自己教成了孩子。当孩子们为盛开的花朵惊叹的时候，我也会惊叹："这花好漂亮！"当孩子们追赶着飘飘荡荡的柳絮的时候，我也会嚷嚷："我也想抓一朵！"当孩子们赞美今天的虾味道真鲜美的时候，我也会及时表达："我也超级爱吃虾！"孩子们喜笑颜开地告诉我："我语文默写全对！""我数学练习是'优秀'加笑脸！""我的英语作业本上一共有 20 个'书写工整'章啦！"我总会及时共情："哇！好了不起！""太棒了！真为你高兴！"活动课上，孩子们玩"老鹰捉小鸡"的游戏，我会不声不响地跑过去当排尾……

我们没有办法让自己的年龄一直停留在 20 岁，但是我们可以让自己永远保持童心。保持一颗童心，孩子们会更愿意亲近我们，同时为建立专业的师生关系打下良好的基础。

美国著名教育学家桃莉·海顿在其著作《靠近另类学生：关系驱动型课堂实践》中说："我们跟孩子之间当下的关系，是用来改变行为的，而不是作为改变的奖赏或结果。"[①]良好教育的前提是师生关系融洽。当师生之间建立起良好的关系，达到了学生愿意为之改善行为的程度，教育才有可能真正发生。而建立这样的关系，教师必须让学生真正信服。只有真正尊重学生的需求、关心学生的身心健康，并且自己也保有童心的教师，才可能在日常的师生接触中，让学生由衷地信服。

①马洛，海顿．靠近另类学生：关系驱动型课堂实践［M］．韩扬，等译．北京：华夏出版社，2015：23.

做一个不轻易生气的教师

教师动手打学生的新闻屡屡听闻，每一次事件的相关报道几乎都铺天盖地，引发社会各界对教师群体无数的质疑与声讨。身为工作 20 多年的“老”教师，对那些体罚学生的教师，愤怒与怜悯并存。在体罚学生的现场，没有赢家，师生其实两败俱伤：一边是羸弱的、身体与精神受到伤害的未成年人，一边是身心俱惫甚至备感挫败的教师。

这些教师“明知故犯”、“铤而走险”去体罚学生的原因是什么呢？

一直站在教育现场，我太知道教师体罚学生的原因了。其一，有的教师容易因为学生的违纪行为生气，导致情绪失控；其二，有的教师太想让自己所教的学生、所带的班级“最优秀”，恨铁不成钢。固然，这些都可以追溯到教育体制这一根源。最直接的一点，即教师在系统内的评价机制。很多教师受困于现行的教师评价机制，为了让所带班级成为“优秀班级”，为了让自己成为“优秀教师”，面对学生时容易心浮气躁。

体制不是普通一线教师可以更改的，但体罚学生还是完全可以避免的。事实上，没有一个教师会在哪一天上班前想好“今天要对某个学生大打出手”。教师体罚学生的事件，很多是在一些特定的情境之下的偶发事件。在体罚学生的现场，无一例外，那些教师都对被体罚的学生很生气。

那么，可不可以不生气？

教师轻易对学生生气，说到底，就是不把学生当作一个人来尊重。

试问一下：我们会不会轻易对熟人或者陌生人生气？一般都不会。哪怕双方有不同意见，哪怕对方有让自己不舒服的言行，哪怕自己心里很不痛快，大多数人会克制与忍耐。真要生气，估计也是腹诽的居多。因为无论是“熟人”还是“陌生人”，他们都是“成年人”，都是人。我们面对成年人，大抵有起码的敬畏与最基本的修养底线，而儿童，恰恰不是“成年人”，而是“未成年人”。仅一字之差，未成年人就在很多时候没有得到作为人的尊重。很多人面对未成年人，毫无敬畏之心。在校外，对幼小的婴儿或者学龄前儿童，很多人打着“逗孩子玩”的旗号，毫无底线地作弄孩子，一点也不顾及孩子的感受。很多父母怕伤了大人之间的和气，面对那些作弄一笑而过。在校内，不少教师面对同事（成年人）与面对学生（未成年人）时完全判若两人：面对同事，的确温文尔雅，彬彬有礼；而面对学生的过错、失误，却动辄“睚眦必究”，声嘶力竭地训斥、辱骂。生气的教师在情绪失控之后体罚学生，也就成了“在所难免”。

想起《接受我的爱：老师如何跟学生说话》里面的片段：

聪明的老师和学生说话，就像他和访客说话一样。如果他的客人史太太忘记带走雨伞，他不会冲出去叫喊：“喂！糊涂蛋，你每次到我家来，总是丢三落四，忘记带走你的东西。我想，你的头要不是长在肩膀上，也许早就被你忘了。我希望，哪天你记得住自己的东西时，我还活着。我可不是你的佣人，老是要在你的背后替你看管东西。”

他的话可能改为：“史太太，你的雨伞在这里。”可是，同样这个老师看到学生忘记带课本、午餐或眼镜时，就几乎忍不住要破口大骂。①

同样的一个教师，面对访客（成年人）与面对学生（未成年人）时，心态与表现如此悬殊——“很生气”与“一点也不生气”，原因何

①吉诺特．接受我的爱：老师如何跟学生说话［M］．许丽美，许丽玉，译．北京：中国广播电视出版社，2009：47.

在？简而言之，就是没把未成年人当作人来尊重。

如果教师发自内心地尊重学生，真正把他们当作人来礼遇，是否还会轻易生气，是否还会动辄暴怒，是否还敢出手体罚？未成年人也是人，我们怎么对待成年人，就该怎么对待未成年人，甚至，更应该多一份呵护与关爱。

其实，教师真的可以不生气。

当学生违反纪律并屡教不改的时候，我们可以不生气

我们完全可以给予违纪学生适当的惩罚。比如，在美国知名教师雷夫·艾斯奎斯的第56号教室里：

> 对不当行为最严厉的惩罚，就是不准参加发生不当行为时所进行的活动。如果有个孩子在做实验时出现不当行为，我会告诉他："杰森，因为你使用实验器材的方式不恰当，请你站到旁边去。你可以看大家做实验，但不准参加。你明天还有做实验的机会。"如果某个孩子打棒球的时候很没运动精神，我会罚他坐冷板凳。这样的惩罚是合乎逻辑的，当孩子学会用正确的方式打球时，我一定会让他重返球场。[①]

对学生违纪行为的惩罚倘若公平、公正，师生皆可心平气和。这样的话，教师完全可以做到不因为学生"违反纪律"而生气。

当学生用语言攻击我们的时候，我们可以不生气

如果发生了学生辱骂教师的事情，教师一定要认识到，在大多数情况下，学生的无礼行为并不是针对你的，他们的情绪之所以突然爆发，是由他们生活中很多不可控制的因素引发的。西方优秀教师是这样劝勉

---

①艾斯奎斯．第56号教室的奇迹：让孩子变成爱学习的天使［M］．卞娜娜，译．北京：中国城市出版社，2009：9.

大家的：

教师最大的挑战就是在被学生"击中"时避免勃然大怒。千万不要高声叫喊回敬学生，或用刺激性语言跟学生对抗。这只会给学生带来满足感，而给自己带来麻烦……一定要清楚地认识到，他只是一个学生，他的评价和意见算不了什么，他的目的就是要激怒你，而不是跟你交流……你的目标就是不要让自己卷入这场由学生发起的冲突中。①

教师只要不卷入冲突中，并在第一时间如实向校方汇报此事，则完全可以由校方来对辱骂教师的学生实施惩罚，而不是由被攻击对象——教师本人——来实施惩罚，那有可能被视为不公平。一旦教师怒气冲天地直接去对学生实施惩罚，则有可能产生无法收场的后果。

当学生"屡教屡不会"的时候，我们可以不生气

每个学生都是带着自己独特的生命密码来到这个世界的，他们学习文化知识的能力也是截然不同的。当一些学生"前学后忘"让你无比担忧班级的平均分、合格率与优秀率的时候，别忘了学生本人的焦虑与沮丧远远胜过教师。教师不该只看到学生的分数，更应该看到学生为了取得更好分数而做出的努力。如果能够看到学生的努力，教师显然可以不仅不生气，而且对这些"屡教屡不会"的学生心生同情。美国年度教师罗杰斯曾说："所有的孩子以不同的方式、不同的进度学习。作为教师，我的职责就是为每一个儿童找到掌握必学技能的最好方法和资料，同时帮助他们完成社会性发展与情感发展。用我小学一年级教师的话说就是：'孩子就像玫瑰花蕾，有不同的花期。最后开的花，与最早开放的花一样美丽。'"①

---

①李茂．今天怎样"管"学生：西方优秀教师的教育艺术［M］．上海：华东师范大学出版社，2008：95.

当一个学生教了三五遍还是记不住的时候，教师或许应该接纳他就是学不会，不能奢望所有的学生都有良好的识记能力。过了几天之后再给他讲几遍，或许他就豁然开朗了。有些知识点，一年级的时候部分学生可能始终无法掌握，但到了二年级，他可能就能够理解了。如果一开始就要求他全部掌握，教师则有可能因“恨铁不成钢”而生气。

当学生不够整齐划一的时候，我们可以不生气

现在的学校，学生们动辄被要求整齐划一。上课时的坐姿、书包的摆放、课桌上学习用品的摆放、排队行走、做广播操……一般情况下，学校为此都制定了极为详尽的考评细则。但是不管教师如何维持秩序，每一个场合，总是有“冒失鬼”出现，打破了整齐划一的格局。有的教师会为此生气，甚至处罚这些“冒失鬼”。

考评分数固然重要，但它反映的是学生学习、活动的常规表现，而不是学习、活动的出发点。只要不影响他人，上课坐姿放松一些并不要紧，教师也该体谅学生一天到晚坐在课桌前的辛苦；书包及课桌上的学习用品的摆放原则应该是“自己方便并且不影响他人”，而不该是为了“看起来整齐”；排队行走的目的是安全，防止踩踏事故发生，防止一大群学生狂奔而发生冲撞事故。教师要接纳有的学生真的身体协调性差，他做广播操就是跟不上节奏，只要他认真努力去做了，就值得肯定。面对种种“不整齐”，教师要用接纳学生的心态，多多提醒与嘱咐学生努力向“规范”的标准靠近，每个学生都能“规范”，则班级自然会慢慢“整齐”。教师只要有了这样的心态，就绝对不会再因为学生没有整齐划一而生气了。

教师不能体罚学生，这是不容置疑的。如何避免体罚学生，则需

---

①李茂．在与众不同的教室里：8 位美国当代名师的精神档案［M］．上海：华东师范大学出版社，2007：109.

要教师具备基本的专业素养。教师要像尊重成年人一样尊重学生，充分尊重学生的权利，那么，面对学生出现过错与失误时，就能够做到保持心平气和。只要不对学生生气，则一定可以避免体罚。不体罚，避免的岂止是学生的身体受伤，更是师生双方精神上的痛苦。学生不必再体验充满指责与羞辱的学校生活，教师也就不会成为那个遍体鳞伤、奄奄一息的败军之将了。那么，对师生而言，“幸福的校园生活”也就不会只是梦想。

做一个优雅的教师

童年的时候，我读过魏巍的《我的老师》后，一直对一个细节难以忘怀：“仅仅有一次，她（蔡老师）的教鞭好像要落下来，我用石板一迎，教鞭轻轻地敲在石板边上，大伙笑了，她也笑了。”再大一点，接触到杨沫的《青春之歌》，记得林道静穿一身月白色旗袍，带着一堆心爱的乐器，去海边小村做教师。无端的，林道静的形象与蔡老师的形象叠加，从此有个女教师的形象固定在我脑海中：月白色旗袍，手执教鞭假装要吓唬孩子，却又在微笑。那笑容，让孩子们如沐春风。

我爱这个形象。在我童年匮乏的词语库里，不知道可以用哪个词语去恰当地描摹这个形象。在我童年、少年时代的求学生涯里，我从未遇到过这样的女教师。甚至在我的生活环境中，也从未邂逅过这样的女性。随着心智的成长，阅读的积累，有一天，我终于顿悟：那个女教师（女性）的形象，用“优雅”一词足以言表。

那样的优雅，开始我以为只是艺术形象。在现实生活中，哪里有优雅，又怎可能优雅，何况，真的需要优雅吗？

在这样的不解中，一晃我也 19 岁了——与魏巍笔下的蔡老师一样的年龄，而且一样站到了讲台上，站在了孩子们中间。两年的语文老师兼班主任经历，我与孩子们一起成长。其间有过诸多慌张、凌乱和匆忙，当然也有很多愉快，就是不见优雅。“优雅”一词，彻底封存在我的文学记忆中。

我脱产读大学回来后开始执教英语。比当年的蔡老师年长了好几岁，也正式作别了黛绿年华。眼神渐多笃定，微笑更见自然，语音也日趋低缓。有一次，一个女孩在作业本里留了张小纸条："谢谢您用笑容给我们带来欢乐，我以后也要当一名教师。"这张来自学生的小纸条，传递给我一个明确的信息：微笑可以让教师成为一个孩子心中的好老师。

杨茂秀先生的著作《好老师是自己找的》中的一篇文章《唐老师手上的大花手环》里，反应迟缓的阿龙同学把唐老师想象成了好老师——他为自己"找到"了好老师。唐老师觉得愧疚，于是在日后成了阿龙的好老师，也成了其他孩子的好老师。而我，在1997年那个春天，在读过那张小纸条之后，在被那个女孩当作好老师"找到"之后，沉睡在文学记忆中那个优雅的女教师形象突然被唤醒。

有些茫然，更多的是不确定：我是不是应该（或可不可以）也成为一个"优雅"的好老师？

"优雅"这个词语，因为珍爱，遂放在心头很多年。不刻意要求自己一夕达成，只提醒自己：身为女子或者女教师，或许"可以"，其实"应该"，因为优雅而美丽。

就这样漫无目的地行走人生：持续阅读，习惯自省，勤于记录，感念四季更替时所有的风花雪月，闲来与山水共情，空时品茗并侍弄花草，在音乐声里做家务……其实很没有追求，但却喜爱这样的每一个日子。在这种日子的滋养中，我深信自己对待这个世界——包括孩子们——的心更加客观而宽容。

有时候，简直会有一种令人愉快的错觉——教着教着，把自己教成了孩子。我不再轻易地站到孩子的对面去，更不感觉自己身在高处，而是，我和孩子们真正在一起。我在他们中间，在他们边上，在他们身后，真正听到、看到、想到孩子们的欢喜和烦恼。

耀同学天天不写家庭作业，每天必须经由我的陪伴才能补完家庭作业，还常常因为请他补作业而对我发脾气。在他各种耍赖的背后，我看到一个缺乏亲情关爱的孩子在对我撒娇。我接纳他不准确的表现形式。

明同学在课堂上不能正确回答问题，因为我批评他没有认真听课，他脱口说出脏话，我解读成“我知道你不是在骂我，只是习惯了通过说粗话来发泄情绪”，并提醒明说粗话是不文明的行为。

倩同学把自己卧室里能砸的东西全砸了，她的妈妈和外婆急得以为她得了儿童精神病，我却看到了倩因为她的妈妈再婚再孕造成的紧张与痛楚，一再恳请倩的妈妈每天睡前至少拥抱一下倩，让她感受到不曾失去的母爱。

涛同学把父母捐给丧父同学的一半捐款隐藏起来并占为己有，这个行为令其父母痛彻心扉。我努力让涛的爸爸接受每一个孩子对物质的占有欲望不同，建议他们在一定的经济范围内尽量满足涛的小欲望，别过分严苛。

东同学每次新授单词默写都错三分之二以上，我总是反过来安慰他：没关系，我们还有单元复习，单元复习后你的默写一定会有进步；我们还有期中复习，期中复习后你的默写肯定会有提高；我们还有期末复习，期末考试时你的词组翻译当然不会有问题啦！

小不点儿成同学极其挑食，个子明显小，几乎什么菜都不吃，就吃几口米饭。为了保证他每天中午吃好饭，我把他的座位调到我的对面。每天向他灌输吃各种蔬菜的好处，他开始渐渐吃一些蔬菜。因为他坚决不肯吃肉，我还经常帮他去除白菜炒肉丝里的肉丝，帮他挑净肉末蒸蛋里的肉末，帮助他逐渐接受更多的菜肴，并多吃几口饭。

…………

对孩子们越体谅，懂得越多，站在教育现场就越能心平气和。而一直以来珍存在心间的那个词，也随着我当班主任而正式亮相。“优雅、大气、明理、自律”是我当班主任期间永远的班风。教室每年都会改变，不变的班风横幅总是贴在教室后面，黑板报上方。凡是要求孩子们做到的，身为教师，我自然要率先做好。班风是身处这间教室里的每一个师生都该遵守的准则。站在教室里的每一天，这几个词语无时无刻不在叩问我、提点我——我很乐意用这几个词语监督自己，尤其是“优雅”一词。

这个词语，也渐渐走入孩子们的笔下：“老师一直教育我们言谈举止要优雅。”“沈老师总是那么优雅。”“我希望自己以后也能像沈老师那样优雅、美丽。”

也陆续听到身边年轻的同事开始用“优雅”一词描述我。她们不仅赠送我诸多赞美之词，甚至表达出“我们到了您这个年龄肯定没有您这样优雅”的担心。在这种可爱的担心里，我看到了一个词语的力量。

这个词语，在我童年的时候，躲在文学作品中对我完成启蒙；在我最初的职业生涯里，它是一份善意的提醒；在其后的教育现场，它是一个标杆，我希望自己可以靠近它；现在，它是一个定位——为我的学生，为我自己。我希望自己能够带着孩子们抵达这个高度。

岁月蹁跹，我渐渐走进中年时光，我竟从来不焦虑自己是否有白发与皱纹。我深信，即便满头白发，满脸皱纹，我也可以优雅地老去。

不辜负孩子的爱与信赖

每天放学以后，我的办公室门会被准时推开。五年级的雨同学必定进来跟我道别，说一声“明天见”，也会唠叨他一天里的各种琐琐碎碎。很多时候我都在忙，但对我来说，这世间每一个孩子皆不可辜负，所以即便再忙，我都是微笑着放下手头的工作，专注聆听，也适时共情，及时开导。

雨同学是我带了两年的孩子，从三年级开始，两年间他的各种问题一直都存在。上课经常不好好听课，家庭作业无法保质保量完成，经常跟同学闹别扭。时常一边哭，一边骂，一边把文具、书包扔一地，还要踢课桌椅。每天闹腾个五六次不稀奇，三四次是常事，最少也得一两次。

有一次，雨同学在找钢笔，找不着就大哭。一边哭，一边念念有词：“我的钢笔不见了，肯定是罗同学偷走了我的钢笔！我要去找他拼命！”说着就要往教室外面冲。

我一把拉住他，和颜悦色地说：“今天早上王同学的钢笔也丢了。他是这样跟我说的：‘老师，我的钢笔不见了。您有空的时候帮我问一问：有没有同学看到了我的钢笔？或者有没有同学不小心拿错了我的钢笔？’所以我也来帮你问问有没有同学拿错了你的钢笔。如果实在找不到了，有可能是你不小心弄丢的，爸爸妈妈也不会过分批评你的。”

可笑的是，雨同学的钢笔一下子就找到了。面对他失而复得的钢笔，我忍不住想：是什么导致了雨同学的第一直觉——他永远是被欺负的那一个？这些直觉的背后是什么？找出这背后的东西，是不是可以帮助他更好地与他人相处，更幸福地成长？

这一次，其实是一件微不足道的小事，但我认真致电他的妈妈，约来面谈。雨同学的妈妈我只见过一次，她在雨读四年级的时候去杭州工作了，保持着每两周回一次苏州的节奏。

见面后，我跟雨的妈妈交流了丢失钢笔后雨的反应。我忍不住地问："雨是不是在婴幼儿时期跟你有过较长时间的分离？"

雨的妈妈很吃惊："是啊！在他断奶以后，我把他寄养在湖南我妈妈那里两三年，读幼儿园的时候才带他回到苏州。"

我想起美国心理学家威廉·斯托克顿的著作《"现在全明白了！"——你我他的自我认识之路》，脱口而出："我现在全明白了！"

雨的妈妈狐疑地看着我。我非常专注地注视着她，慢慢地说："我今天请你来面谈，是因为雨怀疑自己的钢笔被人偷了的这种情形令我非常心疼。我希望能够帮到他。他的反应让我察觉到他是一个内心严重缺乏安全感的孩子。而这么小的孩子，生活在这么富庶的苏州，他内心缺乏安全感的原因，则很有可能来自婴幼儿时期跟母亲的分离。"

雨的妈妈忍不住辩解："我也是没办法啊，要上班。很多孩子都被送回老家去养，到读幼儿园时才回到父母身边，大多数孩子也很好啊！"

"每个孩子都不一样。有的孩子可以很好地过渡、适应他人的照顾，但有的孩子就真的不行。婴儿时期受到妥帖照顾的孩子，跟经常得不到细心照顾的孩子，他们的心理发育相差会非常大。当婴儿哼哼着表示不舒服，母亲及时给他换块干净的尿片，那么，下次再不舒服，他会继续表达；而如果照看他的人无视他的哭闹，不及时给他换尿片，次数多了，他会失去自身存在感，从而产生深刻的丧失感，他将无法发展安全感和个体的自我认同感。一般情况下，由母亲照顾的婴儿，跟由其他家人照顾的婴儿，之间的差别可能就是从是否及时换尿片开始的，他们的安全感、个体的自我认同感从婴儿期开始就已经有差别了。"

我继续说："我看到过一个心理咨询的案例，咨询者所有问题的根源，都是从他 3 岁开始的。周末他父母经常出去度假，把他留给保姆。

父母以为度假回家可以见到孩子的笑脸，可孩子却表情冷漠。父母埋怨孩子不聪明、健忘、不记得父母，其实是孩子内心害怕。他害怕当他投入更多的爱和信任的时候，父母会再次离开他，把他留给保姆。他持续受到被父母抛弃的创伤，在成年后形成了稳固的否定机制。这种否定机制在他成年后的生活里成为一种自发的行为方式，破坏了他对世界基本信任感的形成，也破坏了对他所爱的人的信任。

“还有一个专业能力极其出色的人，有严重的拖延症，甚至严重到影响了他的工作和前途。没有专门的人反复提醒，他明知道该做的事情坚决不做。而咨询的结果是，他从 2 岁半开始跟母亲分离，母亲一个月只能回来看他一次。家里的其他人经常说‘等妈妈回来就好了’。因此，他小时候无法做任何不想做的事，除非妈妈回家和他一起做。在成年后的工作中，除非有人陪他一起做，否则明知要承担严重后果，也是不去做。”

雨的妈妈难过地看着我说：“雨也是一个非常脆弱、敏感、做事拖拉的孩子——尤其是做作业。”

“是啊。他在幼年的时候就跟你长期分离，现在又继续分离。这很有可能就是导致他失去自我认同和自我价值感的根源。老师请他订正作业、同学之间普通的小打小闹、谁不小心碰到他、哪个同学笑得欢乐了一些，他都很容易理解成‘你们找我麻烦’‘你们故意欺负我’‘你们一定就是在笑话我’。从心理学的角度来说，孩子越早经历与母亲分离，对他今后的心理造成的伤痕也越深，他很难认为自己是值得爱的，所以在与老师、同学相处的时候，常常觉得自己是被欺负的那一个。长大成人后，他在遭遇各种挫折与失败的时候，都容易唤回婴幼儿时期的情绪体验，应对现实的态度有可能会消极。”

我继续说：“一般情况下，孩子在满 12 周岁后，他的注意力就渐渐从家里转向家外。如果在这之前，没有培养好亲厚的亲子关系，孩子没有建构起足够的自信，他进入青春期后的抗挫折能力会比较弱。雨今年 10 岁了，两年后就要走出童年，你们可以考虑在这之前做一下调整。在他童年的尾声里，多陪伴他，让他得到更多的母爱，以便积蓄将来面对现实生活的更多力量。”

雨的妈妈当时很受触动，表示考虑让雨和雨的爸爸去杭州跟她团聚。在雨上四年级下学期的六月份，她很积极地为雨联系到了杭州的一所学校，可惜后来因为种种原因未能去成。他们的家庭规划是两年后让雨去杭州读初中。雨的妈妈开始每天都打电话回家，让雨更真切地感受到母爱。

雨的各种闹腾并没有消失，只是程度略有减轻。五年级我不教他了他还时常到我办公室来。看着那哭红的双眼，我常有不忍之心。多年的教学经验让我知晓：很多孩子出现纪律问题，背后大都别有隐情。教师有多头疼孩子的问题，或许孩子就有多缺少爱与陪伴。从心理学的角度来说，当我们还在幼儿期或在童年早期时，面对难以承受的分离和被压抑的无助的愤怒时，由于我们无法理智地理解或表达我们的情感，所以很容易选择关闭我们的情感感受通道，把这些感受统统挤到潜意识里去。一旦因为自己的过失或错误要承受正常的批评，潜意识里无助的愤怒就会被唤醒，“你故意针对我”“我是被欺负的”等各种念头就会自然迸发，伤人伤己。

虽然我不再担任雨的班主任兼学科老师，但是只要他每天放学跟我道别，我一定会让雨感受到我在他生命中的存在。我愿意一如既往地倾听、分享他的欢喜、悲伤。如果他渐渐减少来我办公室的次数，我愿意相信，那是他在成长：他内心的羸弱、无助越来越少，明亮、开朗就会越来越多。

父母与孩子，最好不分离；教师对学生，尽量不辜负。我们的孩子才会成长得更美好。

看见大家的善意和美德

班级日志《看见》是孩子们非常喜欢阅读的素材，节选如下。

今天早上有事，会比平常晚一点到学校。我打电话给宋老师，他二话不说代我去教室看班。同事之间的这种互相帮助，让我感动。今天还有很多小朋友帮我从办公室把全班同学的练习册抱到教室。大家都那么热情，很感动啊！——沈（班主任）

昨天王越不小心推倒我，我撞到吴昊宇的头上了。可是我不怪王越，因为她说："要不要去医务室？"我觉得她很关心我。——孙永杰

语文课上我的钢笔没墨水了，吴昊宇主动把钢笔借给我。我觉得他很大气。——王越

数学课上，我忘带尺子了，郭一宁看到后把她的尺子借给我用。我感觉她很大方，还感觉她不是一般的宽容。有时候我不小心弄疼她，她知道我不是故意的，从来不怪我！——孙志勉

我看见沈老师特别早地进班看早自习，不愿意麻烦别人而宁愿自己饿着肚子，沈老师真善良。我看见同学们来教室之后静悄悄的，就算整理桌肚里的东西也是静悄悄的，不影响别人。同学们的修养、习惯真好！——孙（数学老师）

我常常在学生翻阅班级日志的时候，留意他们的表情。那个时候

孩子们的表情最有意思：先是期待——马上要读到别人对我的赞美啦！然后是隐秘的快感——正读别人对自己的赞美呢！当他们合上班级日志的时候，总是神采奕奕。有时候，班上那个著名的“哭娃”闹情绪的时候，班级日志会成为我安抚他情绪的道具。

班级日志取名为“看见”，我在扉页上写了三行字来阐述这个名字的意义：

我看见
我自己和大家
所有的善意和美德

就像我在一个孩子写的日志后面的评论一样：“赞美别人也是一种能力！”我虽然很赞同“共情”的教育力量，也很擅长对他人及时表达共情，但是，在对孩子各种心理、行为表达共情的同时，我也为他们日渐退化的看见他人善意和美德的能力而忧心忡忡。如果陪伴孩子的过程只限于共情，哪怕再好地接纳孩子对同学的各种抱怨、批评与指责，还是不利于他们心智的健康成长。在孩子成长的过程中，成年人对他们的共情是必需的。然而，看见并赞美他人善意和美德的能力，也是必不可缺的。

帮助学生学会正面沟通

因为我这个班主任善于共情，孩子们特别愿意跟我表达自己的各种委屈，或者投诉同学带给他的“不舒服”“不高兴”的感觉。每次孩子们跟我交流的时候，我真心理解他们的情绪，并及时共情。在我这儿表达过后，大部分孩子的不愉快情绪能得到缓解。

但是如果长期仅限于此，那么，我就是在纵容孩子成长为一个爱抱怨的人，这令我警惕。美国密苏里州堪萨斯市基督教会联盟的主任牧师威尔·鲍温在他那本畅销著作《不抱怨的世界》里明确指出，健康的沟通是：直接找那个和你发生问题的人谈，而且只跟那个人谈。和另一个人谈就是抱怨，这会形成三角问题，也会继续制造问题，而不能解决问题。

所以，渐渐地，在孩子来找我投诉他人的时候，我首先还是会说："我理解你这会儿的心情，肯定不高兴。"但在这之后，我会非常认真地给出建议："我建议你找那个让你不高兴的人沟通。你要直接告诉他：'你这么做，我很不高兴，希望你下次不要再这么做。'"为了避免孩子没有勇气去找人正面沟通，我往往会加上一句话："我在这边看着呢！你去吧。你要有礼貌地、语气温和地，但是很严肃地跟对方直接交流。"

教师面对孩子的投诉，往往是劝诫这个不满的孩子，或者是找另一个孩子兴师问罪，这样无意间在鼓励孩子习惯性地把教师卷入他们的冲突中，并允许这个投诉的孩子在当前的情况下当个受害者，而且继续维持这样的模式，去应对往后人生的挑战。尽管"劝诫"或者"兴师问罪"从表面上看来，可能化解了当下的困境，但其实并没有给予孩子处理他们未来生命中的问题所需的方法，这不是正面沟通的榜样。

真正帮助、支持孩子，教师要指导他们彼此正面沟通，并信任他们能借由内在的引导，化解彼此的冲突。让孩子学会与他人正面沟通，他们将会减少对他人的抱怨与指责，并习惯主动跟对方正面沟通。

帮助学生养成自省习惯

孩子之间经常会出现各种各样的大小冲突，很多时候源于他们只在乎自己的感受，而不会换位思考，考虑一下对方的感受。他们能够敏锐地看到他人的过错，却不肯向内反省自己的问题。

因此，在孩子投诉的时候，除了建议孩子正面跟对方沟通外，我会注意用温和而有力量的语气问："你自己是否也有让对方感到不高兴的地方？你们的矛盾跟你本人一点关系也没有吗？"提问的时候，教师要注意语气，最好是纯粹的疑问，而不是反问。孩子的心都是最明敏的，他们完全可以通过语气获悉教师究竟在表达什么。只有纯粹的疑问，才没有任何批评、指责的意思，才能够触动孩子，让他自己去好好反思。投诉他人的孩子，在听到这些温和的疑问句的时候，大多数会从“义愤填膺”转化为“偃旗息鼓”。次数多了，孩子们会日渐醒悟：“如果我觉得对方让我不高兴了，可能我也有让他不高兴的地方。”他们会循着这份自我认知去慢慢调整与他人的交往模式。

不管是儿童还是成年人，在跟他人相处时，其实都不大可能让另外一个人改变成时时处处让我们喜欢的模样。如果想要改变和他人不愉快的交往，那么只能先反思自己的问题，尝试体察对方的感受，然后自己做出一定的调整与改变。因此，学生养成了自省的习惯后，面对矛盾与冲突，他们就有更多可能去追究自己的责任，并为之改变自己的相关言行。“发生矛盾—自省—改变自己”，这样矛盾关系的另一方才更有可能也去主动承担自己的责任，相互之间的关系才有可能真正发生改变。

指导学生理解“善意”与“美德”

“善意”与“美德”是两个抽象的名词，教师可以在班级日常生活中用具体的形容词来帮助学生理解这两个词。

比如，周一，好几个值日生要参加学校的各种训练，只剩下三个孩子打扫教室。我和副班主任讨论如何解决这个问题时，正在收拾书包的男生俞杨听到了，淡定地说：“我来帮忙做值日吧。”俞杨的妈妈经常要近五点来接他，在等妈妈的这段时间，他总是在门厅的“阅读空间”里看书、写作业。我非常郑重地感谢并赞美他。不仅如此，第二天我还当着全班同学的面再次赞美他：“昨天，俞杨看到值日生少，就主动留下来帮忙打扫。我觉得他非常大气！他是一个真正的男子汉。大气的男孩最帅！男生们可都要学着点啊！当然，女孩子们也要一样大气。”

再比如，中午，爱活动的孩子到院子里去玩了，爱阅读的孩子留在教室里看书。我留意他们各自的活动，在班级日志上写下："我很喜欢中午在教室里的感觉。留在教室里的同学们都特别安静，各自看书。那一刻，我觉得我们的教室环境特别优雅，觉得我们的教室真是读书写字的好地方。我也看到了我们班的小葛在院子里活动的时候，不小心被同学绊倒在地。他笑笑就自己站起来了，一点也不生气，更没有去找人算账。我觉得他很明理，对同学很宽厚、友好。"

就这样，我用"大气""优雅""明理""自律"等这种具体的形容词来帮助孩子们理解善意和美德。

苏明进在其著作《希望教室：教孩子一生最受用的 36 种能力》中，教给孩子的第 30 种能力就是"学会赞美"。有一次，他布置了一项作业，要求孩子们写出对五个同学的赞美词并作为作业交上来。而在我们班，我则要求孩子把对他人的赞美写到班级日志里。大家有空就可以去取班级日志写，不论长短，唯一的要求是：不要写你的委屈与抱怨，而是写你自己和大家的善意和美德。我们两位正、副班主任也一起参加了这个活动，经常在班级日志上写下我们对同事、对孩子的感谢与赞美。在我们的班级日志里，有越来越多具体的善意和美德被看见、被感谢、被赞美。

学生到学校里来，除了学习文化知识与技能，更重要的就是学习与他人交往的能力。在学校生活中，教师要指导学生学会正确地与他人相处：既不动辄受伤、自怜，也不随便抱怨、指责他人，而是习惯自省，并具备看见并赞美他人的善意与美德的能力，那么，他们的童年才会真正欢乐，他们未来的人生才会真正幸福。

我愿意做学生成长的看护者和陪伴者

这是一个名词迭出的年代，教育也不例外。如果初次听到众多的教育名词，不被触动，可能缺乏激情；而在反复听到各种名词之后，依然激动，是否太盲目？面对名词，我从最初的折服，到日益辩证地听取——或许这也意味着我开始了真正意义上的思考。

很多时候被人追问我的教育信念，这样的追问曾经让我犹豫。工作这些年来，有很多词汇我很排斥，比如“春蚕”“红烛”“爱生如子”“以校为家”……在面对儿童的时候，心底总会不自觉地柔软。想起自己童年里所有的疼痛，就不忍看到自己视线里的每一个孩子受伤。试图努力，让自己触手可及范围内的孩子们能够因为我的存在而多一份小小的幸福。

真的只是这样朴素的心愿。“温情、善意、敏感、理解、尊重、呵护、随顺、体谅、专业和自省”，这十个词，来自时任《中国教师报》记者的李茂老师对我的一次在线访谈。当时他问：“教师对学生的爱，究竟包含哪些内容？请列出你认为最重要的关键词。”我以为，教师对学生真正的关爱，就展现在教师平日面对儿童的姿态上。我知道我所定义的这十个关键词很值得探讨与商榷，但是，依然确信：教师必须对儿童持有温情与善意，必须专业地面对儿童，必须具备极强的自省能力。

给予孩子足够的温情与善意；抱持敏感的心，理解孩子的世界；尊重每一个孩子的独特性，细心呵护他们的成长；在适当范围内随顺与体谅孩子们；奠定专业的师生关系，保持高度的自省习惯……我愿意以一个受过良好教育的成年人的形象，出现在孩子们的世界里；愿意真正秉持儿童立场，站在儿童那边，去感悟孩子们眼中的世事与世界。

但是依然会出错。班上的一个孩子明，因为家庭教育的缺失，因为他的种种特立独行，三年来我对他足够用心用情。面对他显而易见的缺点与过错，单独交流、教育引导；面对他青春期的萌动，敏感发觉、温言教导。然而毕业前夕，在最后一次模拟考试时，他用胡乱答题的形式来反抗我对他过于周到的关心。这个孩子，用一句模糊的言语“我不习惯别人对我的好”，让我反省我那些不够明晰的儿童立场。

很显然，孩子从内心深处懂得我对他的善意，可是依然不习惯我对他表达的好。因为我对他太了解，因为我太容易发觉他的情绪起伏，因为我太及时表达对他的关心，反而让他在我面前不自在？他在我面前，是否觉得太透明反而不够疏朗？过于直截了当地表达对孩子的关心，即使善意，一定就是孩子需要的情感？

近日读印度哲学家克里希那穆提的书，逐渐懂得：正确的教育，在于了解真实的儿童，而不是将我们认为的他“应该如何”强加在他的身上。其实，我依然想通过某种“理想的幕布”去看孩子，试图鼓励儿童的顺从、附和。而事实上，一个真正了解儿童的教师，应该去观察孩子，研究孩子的倾向、性情和特性。因为，教师接触的并非可以迅速加以修补的机械，而是易受影响、变幻不定、敏感的、恐惧的、有感情的活生生的人。

我愿意做儿童成长的看护者和陪伴者，明晰儿童立场；我努力提升自己的教育专业素养，储备职业意识；我愿意回到教育的原点，向着明亮的地方起航……

因为亲历过，所以懂得

记忆真是靠不住的吗？我们都曾经是儿童，都曾经是学生。在我们的童年，在我们的学习生涯里，有谁不曾有过被轻慢、被误会，甚至被伤害的经历。那时的我们，有过多少惶恐、忧伤与痛苦？为什么很多人成年后，或者成为教师后，都不可避免地对孩子复制那些轻慢以及伤害呢？真的就淡忘了自己曾经也是儿童吗？

我庆幸自己清晰地记得自己的童年，记得自己的学生时代。曾经亲历过，也就会更加懂得孩子们。

拒绝大声朗读

其实我并不“乖”，但论学业，我一直是个好学生。从村里的幼儿园毕业后，喜滋滋地入读镇上的中心小学。寒假前的期终复习阶段，有一天，语文老师嘱咐我们齐声朗读，读整本教材，要求大声读。

我是班长，我的朗读自然无比响亮。那时的我，已经知道“声音响亮”是“好”的评判标准之一。我脆生生地读啊读，读得嗓子冒烟，读到喉咙痛，整本教材还没有读完，就突然发现自己一点声音都发不出了！

老师嘱咐我自己去父亲工厂找父亲，父亲带我去找厂医，厂医说没事，休息一天半天就好。我想，我的老师、我的父亲，都不会记得我在小学一年级语文课上大声朗读到失声。他们不记得，是因为他们不曾经历。而从学校到父亲的工厂，短短不到十分钟的路途，一个七岁女孩子一路的恐惧，令我三十多年都未曾忘却！甚至在厂医说没事之后，我依然感到无比害怕，直到第二天能够发出声音为止。

那种无法忘却的恐惧，在我成为教师之后，成为一份可贵的教材，我始终抗拒“要求学生大声地、长时间地朗读”。这样的要求，是漠视孩子最基本的身体健康与安全。那些要求学生大声且长时间地朗读的教师，心里是否真正装有孩子的健康与幸福？从幼儿园起，教师在课堂上就要求孩子们“声音响亮地回答问题”，课后却要求孩子们“不准喧哗”。那么小的孩子，他们能够很好地控制自己的音量吗？在欧美国家的公共场合听不到喧哗声，是不是跟他们从来不要求学生响亮地回答问题、大声朗读有关呢？我在英国小学听课一个月，从来没听到一次大声回答问题或者大声朗读，更从来没听到教师这么要求过学生。

而在我们的公开课上，如果授课班级的学生没有被训练到发言响亮，就是教师课堂常规训练不力的象征，甚至是教师没有激发学生学习兴趣的标志。真是奇怪的衡量标准。

我不仅注意保护孩子们的声带，也注意保护孩子们的听力。现在，老师们普遍使用微型话筒授课，我也曾经使用过，但我很快意识到这有损孩子们的听力。在我自己不再使用话筒之后，我不顾说教的“嫌疑”，一次次在行政督导的时候呼吁：尽量不使用话筒，如果在室外或者学生人数比较多的低年级使用，一定要注意把音量控制到最低。

拒绝偏爱

我就读的小学就在我们镇上，小镇离市区有 20 多公里。我那时的数学老师，在当时农村孩子的眼里是个了不起的人物——城里人。

我的数学成绩一直很好，但是我沮丧地发现数学老师几乎从来不对我微笑。如果他本来就是个不苟言笑的老师，或许我也不会一直记得他。其实我一直能看到他温和地微笑——对着班上几个家庭条件好的同学。我一直记得他非常喜欢班上的一个女生 G，他总喜欢揉她的短发，对她微笑，即使批评她的时候也微笑。那种批评，听得都让人妒忌！听得出那种批评背后的无限宠爱——就如一个父亲在批评自己的女儿一样！G长得很白净，当时如丑小鸭般难看的我想：一定是她比我长得招人喜欢，老师才对她那么好的。那个时候的我，为自己的容颜深深地自卑。G的学习成绩也不错，但是比不上我，数学老师天天邀请她去办公室提优强化。有一次，学校组织语文、数学知识能力竞赛，选拔六个学生参加市级比赛，我顺利入围，G落选。但最后我却被无情刷下，无缘参加市级比赛，换成了G。班主任告诉我，数学老师坚持认为G的数学成绩经过强化训练后提高很快（最后G并未在市级比赛中获奖）。我获悉这个信息后无比难过，但是也天真地接受：因为G一直在强化数学，也许再过一段时间她就可以超过我了。后来才知晓G的父亲是做生意的，家境很好，她的几个同村同学肯定地说数学老师经常去她家吃晚饭，我有点吃惊。在有一天亲眼目睹数学老师在她家和她父亲一起喝酒的时候，我心里面有些东西从此轰然倒塌！

怎么可以对学生不公平、不公正？这个疑问句，从童年开始，深深地镌刻在我的心底。在我成为教师之后，我深信，公平、公正地对待班上每一个学生，是做教师的前提。

不仅如此，我也忘不了数学老师不加掩饰地对G的偏爱。这样的偏爱很令童年的我受伤。我觉得，数学老师的眼里只有G。在我成为老师之后，我时刻提醒自己：要尽量不偏爱成绩优秀、行为乖巧的学生，至少要做到在全班同学面前不表现出来。我会单独跟个别学生或者他的家长说，“我真的非常喜欢你（这个孩子）”，但我不会当着全班学生的面表现出来。班级里的很多事情，我都尽量邀请学习成绩中等或者不好的学生来帮忙：比如发本子、收本子、去我办公室取东西。我会主动跟学习成绩中等或者不好的学生打招呼、问好。我希望我的学生不会感觉出我特别喜欢哪一个同学。

拒绝不安全的社交距离

读中等师范学校的时候，听学姐讲过某中年老师“很色”，那时并不懂得“色”的含义，也没放在心上。读三年级时，该老师给我们班授课。我坐在教室正中第一排，离讲台最近。在一节课上，该老师讲课的时候，讲着讲着就摸摸我的头。我很不舒服，但是忍了。我想，可能这是长辈在表达对晚辈的友好与喜爱的一种方式。不过，18 岁的我，很抗拒这样的身体接触，不管对方的初衷是什么。但是，很混蛋的是，该老师居然顺着我的后脑勺把手移到了我的后脖颈上。

中等师范学校要求学生练好“三字”（钢笔字、毛笔字、粉笔字），所以我的桌子上摆着一个毛竹笔筒，里面斜斜地插着好几支大大小小的毛笔。当我感觉到老师的手碰到了我的后脖颈上的时候，我想也没想，挥开他的手，并顺手用笔筒当众对他砸过去，毛笔轱辘轱辘滚了一地。他吓了一跳，非常尴尬，一边捡毛笔、笔筒，把毛笔插回笔筒后放到我的课桌上，一边自嘲地说：“你这个小姑娘脾气怎么这么大？”我冷冷地看他，一言不发。我对他的鄙视从此再没有改变过。

姑且不讨论这个老师是无意冒犯还是有意骚扰，他都已经严重犯错误了。因为，他突破了人与人之间最基本的安全社交距离。其实，人与人之间的很多矛盾，不就源于安全的社交距离被打破吗？年幼的孩子们，更是因为这个问题而矛盾四起。我因此警觉地不断跟孩子们讲明“安全的社交距离”这个概念的重要性与必要性。在一届一届的班上，我一次又一次向孩子们渗透这个话题。

前几天，班上又发生男生因为“闹着玩”引起的打架事件。所谓“闹着玩”，其实就是一方碰触了另一方的身体，并不疼痛，却令该生不痛快，于是从“闹着玩”发展成“反击”，最后就升级演变为“打架”。我当众做了一个调查：

你会经常碰触同学的身体吗？

你介意别人碰触你的身体吗？

如果别人无意碰触你的身体，你有什么感受？你会有什么反应？

如果别人碰触你的身体，你感觉很不舒服，甚至会生气的请举手。

大多数孩子把手举起来了，还有我。我也举起手，且郑重声明：我不喜欢别人未经允许就碰我的身体，我会感觉非常不舒服。

我让孩子们环顾一下四周，一起得出了结论：大多数人不喜欢别人未经允许就碰自己的身体。

然后我继续说："也许有些人不在意被他人碰触身体，但是，在你不清楚对方是否在意的时候，请注意你跟他人的社交距离。说话的时候注意不要靠太近，更不要触摸他人的身体。"

我继续做调查："班上有哪些同学会经常未经你本人允许就碰触你的身体？"孩子们纷纷点名。听过之后不免要笑，就是平常爱惹是生非的那些捣蛋鬼们。他们为何一直"惹是生非"？可能真的是因为他们不懂得"保持安全的社交距离"。他们并非蓄意惹是生非，却经常产生这样的效果，其实他们自己也很莫名其妙。

让孩子们铭记"保持安全的社交距离"，我相信其意义绝不仅仅局限于"不跟同学打架"。他们在此后的人生里，都会因此而获益的。

人们常说，记取一些美好吧。是的，生活中的毒素应该尽力过滤掉。在我的求学生涯里，我遇到过无数个好老师，那些美好我都珍惜，但是，曾经经历的阴影，也的确印象深刻。虽不至于至今依然被困扰，但我的确心疼童年时候的自己。推己及人，看现在的孩子们，我的心也就更加柔软。

努力成为学生成长的优秀范本

很多教室，黑板的粉笔槽里堆满了粉笔灰以及粉笔头，讲台以及教师批改作业用的桌上经常堆得乱七八糟。任课教师进去上课，很难在讲台上找到可以安放自己教材的空隙。

每学期开学初，很多教师会要求孩子们带盆栽到班级。盆栽沿着窗台一字排开，生气勃勃，的确有一番新气象。然而，不到一个月，不少班级的植物就开始萎谢。

一般情况下，每个教室都会配备饮水机，大多数饮水机被安放在教室后面。有的教室的饮水机水槽里，积水满得随时可溢到地砖上。孩子们从水渍处踩过，弄得教室里到处都是鞋印。

上述种种情形，都不是个别现象。这些现象长期出现在学生们面前，教师为学生树立的是一个怎样的成长范本？教师自己的“地盘”不整齐，如何好意思要求学生维持课桌与教室地面的整洁？教师自己不敬畏生命，如何培养学生对世界的爱与善意？教师自己不留意会影响学生安全的细节，一旦学生出了事故又是否心甘情愿地承担责任？

儿童在成长的过程中，会接触大量的成年人。对他们来说，父母与教师是最重要的成长范本。对一些家庭教养良好的孩子来说，教师的影响力不见得会特别大；但对另外一部分家庭教育不够到位的孩子来说，教师的影响力就显而易见了。如果让这部分孩子看见一个优秀的成长范本，他们有可能成长得更加优秀。这些孩子甚至可以突破自己原生家庭的影响，反过来去影响他的父母——这更是学校教育的深层意义与影响力所在。

引导孩子学会规范、有序地整理物品

对孩子的教育，并不能简单地寄望于教师“怎样说”，更应该落实在教师“如何做”上。“润物细无声”，不应该只是教师认可的一种理念，而完全应该是一种可执行的行动。

我平时习惯准备两个小盒子，把它们放在讲台上。一个盒子放彩色粉笔，另一个则放白色粉笔。在两个小盒子中间我会放置一盆小小的绿色植物。除此之外，讲台上再无他物。我会定期清理粉笔盒里的短粉笔头，并补充新粉笔进去。我还要求值日生：在每节课后都要把教师用过的粉笔放回粉笔盒里；每天放学后都要用湿毛巾把黑板槽里的粉笔灰擦掉。

教师批改作业用的桌子，一般放置在教室前方的靠窗处。我会在窗台上放置一盆绿色植物，另外放一个笔筒，里面放了多支红笔及黑笔，笔筒里还收集了孩子们在教室里捡到且无人认领的铅笔。有时候，面批孩子们的作业，我发现有错误，就可以让孩子直接用这些铅笔订正。我还会在窗台上放一个小小的收纳筐，放平时经常需要用到的各种小工具，以及孩子们捡到的橡皮、尺子，等等。

孩子们交上来的各科作业本我会及时整理并放进柜子。各种资料我会争取第一时间处理掉，如果一时来不及发放也会及时收进柜子。这样，无论孩子们何时抬头，都能看到整洁、干净的讲台和教师用的桌子。

我还喜欢把自己的办公桌整理得整洁而美丽。我买了两个漂亮的铁艺小架子，上面错落有致地安放了水培植物、干花以及各种书籍。有事到办公室找我的孩子常常会赞叹：“老师的办公桌好美啊！”这种赞叹，其实也是孩子受到教育后的表现。经过长期的熏陶，规范、有序的意识会逐渐植入孩子们的心中，他们自然会认可这样的意识并习惯收拾好自己的课桌，甚至家里的房间。

引导孩子懂得敬畏每一个生命

教师经常会教育学生“要有爱心”，其实，教师首先就该让学生看见自己是个有爱心的人。

新学期在孩子们报到以前，我会在一张不干胶标签纸上写好孩子们的姓名，然后将不干胶标签纸放在走廊里的收纳柜上面。等孩子们带来盆栽后，他们可以在花盆上贴好自己的姓名。因为有些孩子忘性比较大，可能过了几天就不记得自己带来什么植物了，索性对所有的植物都不闻不问，在花盆上贴好姓名后，他们就有可能关注自己带来的植物。

植物的生长需求各不相同，有的喜阳，有的需要多浇水，也有的完全相反。孩子们的个性也不尽相同，有的孩子一天要看好几回自己养的植物，恨不得天天去浇水；有的孩子则一个星期才去看一眼，根本记不得给植物浇水。

为了保证这几十盆植物顺利成长，我先请所有的孩子都不要浇水，然后，我自己按各种植物的需求，定期给各种植物浇水。慢慢地，对园艺感兴趣的孩子就在我浇水的时候上前围观，我就逐步去教这些孩子识别各种植物的生长需求，并把浇水的任务留给这些孩子。

我会定期提醒孩子们去关注这些植物的长势，并分享自己的园艺心得，也赞美那些照顾所有植物的同学。我们班的植物长势良好，在这一片生机中，我相信大多数孩子会感受到教师对生命的爱惜，并逐渐懂得，敬畏每一个生命可以从一草一木开始。

引导孩子树立关注细节的意识

孩子在校时间的安全责任，一般会具体落实到班主任身上。50 名左右的孩子在校 6 小时以上，要确保这么多孩子在这么长的时间段不出安全事故，的确是非常具有挑战性的难题。这需要班主任关注到任何可能影响孩子安全的细节，并做好防范措施。

一般情况下，有点经验的班主任会责成一个值日生负责饮水机附近的地面，如果有水渍要随时用拖把拖干，以免地上全是鞋印，影响教室卫生，并且有安全隐患。但是值日生毕竟也只是孩子，有时候会疏忽，有时候自己忙于写作业或者出去玩、上厕所，安全隐患还是没有得到彻底消除。如果水渍过多，会导致地面太滑，有可能造成孩子摔倒、受伤事故。我每接一个班，都要把饮水机搬到教室前面，在边上放好拖把。即使地砖有水，因为离讲台近，我也可以及时关注到并拖干地面。在低年级班级里，我还会在饮水机前面的地上铺好地垫。孩子们不小心从杯子里晃出来的水，顶多洒在地垫上，而不是地砖上。

另外，下雨天我会提前到教室，在教室门口放好水桶。孩子们到校后，我会提醒他们把伞放入水桶。我还会在教室门口铺一张地垫，让孩子们尽量少把鞋子上和伞上的水带入教室，以免造成室内地滑。

这些细节，不仅减少了安全隐患，而且保持了教室的洁净。更重要的是，教师对细节的关注以及关注细节后产生的良好效果，对孩子来说本身就是一种良好的教育。

引导孩子体验文明的教导过程

孩子成长的过程，必然是一个不断犯错误的过程。孩子在受教育的过程中不可能只有鼓励和赞美。

有的教师在学生不能顺利掌握知识点和技能的时候，或者学生犯错误的时候，很容易产生不良情绪；有的教师甚至表现得非常极端，歇斯底里地不停呵斥学生。长期受此影响，学生在跟他人合作做游戏、劳动或者学习的过程中，倘若他人出现错误，甚至仅仅是不合拍，他都有可能情绪失控，试图用斥责的方法去解决问题。

在学生不能正确掌握知识点的时候，在学生做出不合适行为的时候，教师适度的批评以及让学生承担一定的后果，都是合情合理的。但是在这个过程中，教师要管理好自己的情绪。教师可以批评或惩罚学生，但是不应该出于教师个人的情绪，而是基于学生的行为。

文明需要用文明的方式去传承。用文明的方式去批评与惩罚，才有可能唤醒当事人的自省，敦促他承担不合适行为所带来的后果。这个过程，也是对全体学生的教育。学生经常体验教师的这种引导，他们今后与他人有纠纷的时候，更有可能比较文明地去主动沟通与解决问题，而较少出现谩骂、斥责和乱发泄情绪的现象。

子曰："不学《诗》，无以言……不学礼，无以立。"诗是一种美化了的语言，而礼是一种美化了的秩序。教养与文明，就是如此传承的。作为未来社会的建设者们童年时候的教师，无论你是否愿意，必定成为他们成长过程中最重要的范本。只是，这个范本，是否可以引导学生建构起内在的各种文明的秩序，值得每一个教师自省。

诗人、教师凌性杰先生在其著作《教学现场的爱与怒：一位诗人的教育日记》中写道："最近刻意穿得有型有款去上课，希望让我的男孩们知道，什么叫品位。"[①]深有同感，我希望自己和更多教师都可以让孩子们知道，什么叫优雅、善良、有爱心、言谈举止文明、有品位、有格调……

我希望自己成为儿童成长的优秀范本，因此，一直不敢松懈。

---

①凌性杰．教学现场的爱与怒：一位诗人的教育日记［M］．北京：首都师范大学出版社，2012：189.

未来教师需要具备的素养

日前看到一则新闻：宜家在米兰做了个展览，推出了未来厨房计划。十年后灶台、冰箱将从世界上消失，人们只需要一个架子和一张桌子。高科技的桌子，上面是个投影显示设备，桌子里面还有电热丝。放上去的食物可以被识别出来，还能告诉你可以做成什么菜。桌子可以称重、计时，还能直接热锅做饭、热咖啡、给手机充电、保鲜食物……

那么十年后，教室会是什么模样呢？十年后，坐在教室里的孩子需要怎样的教育？

学生到学校接受教育的目的，绝不限于让教师把白纸黑字输入学生的脑袋中，不然他们有可能成为经过专业训练却无法完整地生活的人。事实证明，今天的计算机能储备的信息量以及分析信息的能力已经远远超越人类，何况未来的计算机。印度哲学家克里希那穆提说过，教育应该意味着打开那扇觉知之门，应该帮助我们学习如何活得快乐、自由、无嗔恨、无混乱，充满着美。因此，未来教育的目的不是传授知识，而是如何帮助学生打开那扇“门”。

教育是面向未来的事业，可是我们无法预知未来。我们预测不出未来十年世界发展的趋势，也很难知道十年之后社会上最需要的知识是什么。因此，无论是现在还是未来的教师，都需要培养学生面向未来的能力。

既然要培养学生面向未来的能力，那么，教师的素养也需要面向未来。

首先，未来教师要具备教师的专业素养，能与学生建立专业的师生

关系。学校是学生学习知识与技能的主要场所，教师是教授这些知识与技能的主要负责人。很多时候，教师光有渊博的知识与积极的态度，依然没有办法让学生获取知识与技能。而且，在传授的过程中，常常会发生师生冲突，有的教师因此产生浓重的挫败感。这一切，只源于师生之间没有建立专业的师生关系。专业的师生关系是教育真正产生的前提。教师与学生之间当下的关系，是用来敦促学生发生改变的，而不是作为学生做出某种改变之后的奖赏。未来教师若要让学生获得更多的知识与技能，就得把建立专业的师生关系放在首位。

其次，未来教师要具备阅读能力，并能指导学生养成阅读习惯。阅读是长期的、日积月累的、潜移默化的，是伴随人一生的行为。更重要的是，阅读影响的是一个人素质中最基本、最核心的东西——审美观、道德观和人生观。阅读既是一个人了解世界和思考世界的过程，又是一个人心灵自我观照的过程，即通过阅读来反刍自我、提升自我，从而养成内省和深思的习惯，这对一个人的精神成长至关重要。未来教师自己应该是具备阅读能力的人，有能力甄选历史上的经典与当下的精华，从中吸取知识来滋养自己，并且不遗余力地培养学生养成阅读习惯。当学生自己有了阅读、思考的习惯和能力时，他就拥有了面向未来的钥匙。

最后，未来教师要掌握现代的教育技术，并指导学生具备用现代技术学习的能力。翻转课堂、慕课……都是对传统课堂教学结构与教学流程的彻底颠覆，由此将引发教师角色、课程模式、管理模式等一系列变革。不可否认，未来的学习方式会产生更大的变化，教师会越来越少地占用课堂时间来讲授信息，将有更多的时间与每个学生交流。在这样的背景下，未来教师要具备深厚的现代教育技术素养，要具备搜索信息并辨别真伪的能力，并能指导学生搜索信息并辨别真伪。全球已经进入大数据时代，信息和知识量呈几何级数迅速增长。如何从海量的知识中快速地搜索到对自己有用的知识，是今天以及未来的人们必须具备的一种能力。

你必须成为美好的

印度哲学家克里希那穆提有句话让我印象至深：“你必须成为美好的，因为，你就是未来。”

目前这个世界前所未有的多元化，孩子们身处其间，感奋与困惑并存。来自校园内外的信息纷繁复杂，一并向孩子们涌来，他们能够过滤多少消极信息或者错误信息？站在孩子们面前，你——教育者，就是那个陪伴、引导孩子们走向未来世界的重要他人。从这个意义上说，“你就是未来”毫不夸张。是你，用你的心灵、你的言行和你对人世的认知在向孩子们——未来世界的建设者们——传递着你有意无意筛选过的信息。这些信息虽然不是构建孩子们认识世界的唯一渠道，但你得承认，它理所当然地成了最重要的窗口。站在窗前的你，为什么不能成为那个“美好的”人呢？

你必须成为美好的。孩子们的学业很重要，但是在学校里，让孩子学会认识自然、厘清责任也是教育很重要的一部分。你不能回避，不能忽视，更不能误导孩子。孩子们成年后对自然和彼此的责任，将决定着未来世界的基本面貌，你对这个未来世界有着不可推卸的责任。你得真正地关爱他们，除了学业之外，更得关注他们是否对那些责任具有明晰、正确的定义。学生时代，我曾经在课堂上邂逅“圆比别人画得更标准”的老师，这个老师从此给了我一个圆融的世界。工作这么多年，我默默地在教学的田野里开辟出了属于自己的花园。我深信，这个花园里的孩子们，他们的视野将不仅仅停留在学业上；在走向社会后，他们对人世的责任也将不限于个人的小家庭。

你必须成为美好的。这个世界充满了竞争——权力与财富、智慧与美貌、地位与关系。这些竞争让无数人烦恼、痛苦甚至绝望。而这些竞争的源头究竟是什么？你，作为孩子们未成年时的重要他人，是否有意无意地引发了很多残酷的竞争？你是否经常会把聪明的甲与迟钝的乙进行比较？如果不进行这样的比较，乙永远不会认为自己迟钝。在乙的生命中是否有一个又一个教师去拿他跟一个又一个聪明的学生做比较，才"成全"了乙最后的迟钝？终其一生，乙或许一直会拿自己的弱项去跟别人的强项做比较，那么，他将更多地感受到人生的灰色甚至苍白。而那些旁观着这些比较的孩子们，他们会不会潜移默化地受影响，此后一生都会进行大量无谓的比较和不必要的竞争，从而收获无数痛苦甚至失败？在你营造的充满着竞争意识的班级文化中，或许孩子们在表层获取的某些显著进步会令家长向你致谢，而你，是否满足于收到这样的赞誉？你可曾替孩子们一生的发展与幸福谋划过？

你必须成为美好的，所以你得注意给学生留下最佳的第一印象；你必须成为美好的，所以你得具备教师真正的绝活——读书；你必须成为美好的，所以你得善于破解教室里的不公正、不公平……

你必须成为美好的，因为你就是未来。

第三章　时常妥协，始终坚持

时常妥协，始终坚持

我一直是个普通的一线教师，执教小学英语 20 多年。最近几年开始担任班主任。担任这样的角色，意味着我不得不面对排山倒海般汹涌而来的各类调研、评比、展示及竞赛活动。学校的教导处、德育处、科研处，甚至党支部、工会，在会上传达各种会议精神，将诸多任务逐一落实到每一个教师，尤其是班主任身上。教学“七认真”[①]、教学质量、科研任务、班级管理、少先队活动，都有专人做专项检查。

世间没有绝对的自由，职业生涯亦如此。即便动辄抵制、对抗，未必就能抵达自己期待的理想状况。很多时候，我选择妥协。

比如，我并不认为一个孩子考试“不及格”，他以后的人生就注定失败，但是，我会跟学校要求的“合格率”妥协。为了把孩子的分数提高到及格以上，我会不遗余力地辅导孩子。

比如，我会心平气和地去整理全班学生的“廉洁文化”征文稿。“是否有必要对小学生进行廉洁文化教育”这样的讨论现场并不在本校，这样的讨论也不需要我发表意见。我体谅学校部门负责人的身不由己。作为班主任，我发动每个孩子参加这样的征文活动。最后，我得将孩子们的征文稿整理、排版成规范的电子稿交给负责人。面对这样重大的主题，我所能做的，仅仅是——不出一声，只在黑板上“英语家庭作业”一栏里，增加一行“明天交‘廉洁文化’征文稿”。在整理孩子们的征文稿时，看到诚实的孩子辛苦的原创，也看到“聪明”的孩子运用网络

---

① “七认真”指的是：认真备课、认真上课、认真布置和批改作业、认真辅导、认真组织考核、认真组织课外活动、认真指导学生开展自学。

技术复制、粘贴后的“借鉴”。不表扬原创者的诚实，也不批评“聪明”者的“借鉴”，我只负责收齐征文稿并上交。我并不知道那些“聪明”的孩子何时学会了这样的妥协，但我真心地期待：那些诚实的孩子可以更早一点儿懂得与一些不必要的人、事妥协。

这样的妥协，在教育现场不胜枚举。妥协的，只是一种形式，而不是真正的认可。人生没有我们想象的那么漫长，妥协，可以为自己赢得更多的时间与空间，然后，用这些时间与空间去做我们认为更有意义的事情。

美国教师雷夫曾经说：“我教授所有政府要求我教授的课程，我的班级参加所有政府要求学生参加的考试，而且学生也认为我教得很好，这样政府和官员就不干扰我了。但是，我又增加了我想增加的教学内容，并且不替换、不取代任何政府要求我教的那些东西。在我刚开始教书的时候，我想帮助学生排练莎士比亚戏剧，教育官员们给我找了很多的麻烦。但是，当我的学生成为学校里的尖子生的时候，他们闭上了嘴。”[①]即便被《纽约时报》誉为“天才与圣徒”又如何？雷夫老师一样选择妥协。他不标榜自己的理念与行动才是唯一正确可取的，更不借此试图抵抗政府的各种要求。教学内容也好，考试也好，雷夫老师都按要求完成，并取得不错的成绩。越来越精细的标准化考试未必是雷夫老师认同的，但是他并不抵抗。他在选择妥协的同时，也给自己赢得了更大的空间。莎士比亚戏剧排演、艺术课程、电影课，带孩子们远行……这些他更看重的“课程”才得以开展并坚持下来。

跟雷夫老师一样，面对我所不认同的，我也时常妥协。但是，我始终在妥协之余坚持我所认同的。

我坚持不设立班干部。在厚厚的《班主任手册》上，“班干部名单”那一栏里我也会填写完整。但是，那只是随意填上去的几个名字，毫无

①陈勇．第56号教室的故事：雷夫老师中国讲演录［M］．北京：教育科学出版社，2012：35.

意义。在担任班主任的几年间，我不跟孩子们提“班干部”这个词，不跟孩子们和家长阐述“不设立班干部”的意义——有时候，静悄悄地开展也是一种妥协。我不能放任有些孩子以班干部自居，对着学困生或者行为习惯差的同学大呼小叫，每个孩子的人格都高贵且平等。很多时候，成绩优秀学生的飞扬跋扈的确是一些班主任培养或者放任导致的。“怕班上某个同学甚于怕某个老师”这样的情形在孩子们中间也是常事。那些令班上同学害怕的班干部却在老师面前十足的“温良恭俭让”，这样的“精神分裂”是谁造就的？相比所谓培养得力的“小助手”，我更在意弱势学生的处境。因为学业困难或者自律能力差，他们已经在学校生活中承受太多失败与痛苦了，我不愿意他们还受到来自同伴的精神压迫。在我的班上，我甚至不设课代表。每次收发作业，我都只问一句：“谁这会儿有空？请过来帮忙发本子。”并提醒道：“如果你正在写作业，或者正想喝水、上厕所，请先完成自己的事情。一个人，应该在做好自己的事情的基础上，在能力范围内为大家服务。”过分宣扬“为他人服务”，有可能让孩子们主次不分，导致为了取悦他人而耽误自己。这样不仅会影响学业，甚至会影响将来的幸福。

我坚持不跟孩子们提“集体荣誉”这样的“大词”。所带班级是否“优秀”，是否“文明”，是很多班主任在意的。而考核一个班级是不是“优秀班级”或者“文明班级”，学校有具体而细致的考核条例。从教室卫生、课间纪律、出操状态、进餐礼仪到各项活动的参与及得奖情况、每天没戴红领巾的学生人数……考核部门的同事也很辛苦，琐碎的加分、减分，每周、每月都要汇总、反馈。班主任们在意的可能不是被扣钱，而是能否得到这个荣誉称号。于是，有的班主任盯着自己班级的各项考核分数，一旦失分，就如临大敌，不是训斥导致失分的学生，就是苦口婆心地教育全班学生要重视集体荣誉，甚至把考核分超过自己班级的其他班级视为假想敌，营造出同仇敌忾的种种氛围。而我始终认为，取得“文明班级”“优秀班级”这样的集体荣誉，不该成为教育的出发点。教育的目的应该在于培养学生成为一个合格的公民——保持个人及所处环境的卫生，参加活动时安静有序，文明就餐……我会用心教导学生养成这些良好的习惯，但是会淡化班级考核这个概念。养成良好的习惯，只是为了让学生终身受益，而不是为了争夺外在的荣誉——所谓荣誉，应该让学生们理解成是努力之后水到渠成的获取。学生如若从小养成争名夺利之心，那么他们将日益失却平常心，更多的是功利心。若这些学生长大后都充满功利心，这种格局的社会也不是教师所期待并愿意看到的。

我坚持认为，教师该为学生一生的幸福着想。孩子们的未来生活是否幸福，并不取决于他们在校期间的考试成绩，也未必取决于他们的学历、文凭。我愿意尽自己的最大努力帮助孩子们取得他们能力范围内最好的成绩，但是，我更看重的是他们在学校里能够锤炼、提升让自己今后幸福的诸多品质。“为他人着想”该是最朴素最基本的底线。这样的要义，是要在真实的场景中体验的，而不仅仅是教师在课堂上的强调。记得一次餐后，下着小雨，我带孩子们从餐厅回教学楼。经过一条小路，泥地上铺着青石板，我反复提醒孩子们：“请大家注意：别踩在泥地上。不然，鞋子上的泥土会被带入教学楼，会给保洁阿姨增加工作量的。”这是“为他人着想”的真实而具体的诠释。副班主任去医院看病，我会叮嘱孩子们要问候看病回来的副班主任。我提醒孩子们要善于用语言和行动去表达对他人的关爱，铭记“心怀好意，口说好话，身行好事”这“三好”……如果孩子们能一生遵循这样的要义，何愁未来人生的幸福指数会低?

我坚持认为，学生该在学校里就开始学习终身受用的技能。孩子到学校里来，除了学习文化知识与各项艺术、体育和劳动技能，还要学习一项极其重要的技能——与他人和谐相处。社会不是桃花源，校园也从来不是象牙塔，孩子们之间的蓄意伤害事故层出不穷。有时候仅是源于一个不妥当的玩笑，有时候是生气之后想教训对方。动机都不算恶毒，但很有可能导致严重的伤亡事故，这样的报道我们也屡屡听闻。其实，孩子们之间的矛盾，大多缘于鸡毛蒜皮的小事。一些疏忽导致的小细节、一些不经意说出的话，让其中一个人自觉受到伤害并因此立意要报复。身为教师，的确该悉心教导孩子更好地表达自己，不恶意揣摩他人的动机，要对他人对自己的批评、指责甚至无意伤害宽容一点儿……教师该为孩子们的言谈举止、为人处世打下一个基本的底子，或许可以避免一些不必要的血泪伤痛。

这样的坚持还有很多。这些坚持其实都源自我最初的一个坚持：教育首先该完成孩子们作为“人”的成长，其次才是学习与能力的发展。

我知道，妥协与坚持看似矛盾，但是，在教育现场，它们可以和谐共存。因为妥协，我才有了坚持的空间；因为坚持，妥协才有了意义。

在异国的课堂里反思

2008 年暑假，我非常幸运地参加了江苏省苏州市教育局与英国埃塞克斯郡（Essex）教育厅组织的境外培训活动。四周时间里，每周只有一天集中起来做教学理念的培训，其他时间每天都待在埃塞克斯郡的一所小学里。与集中培训相比，我更愿意在他们的校园里、课堂上实地学习，从早到晚听课，与校长、教师和孩子们亲密接触，不断地做访谈与调查，写下了几万字的感悟与反思。

在英国的课堂里，我如此真切地感受到了两国教育的差异。造成这些差异有太多的原因，或许国情与体制也是不能回避的问题。但是，我更愿意质疑自己的责任。

凝视孩子的目光更柔和些，对待孩子的心思更细致些

第一次与英国小学里的孩子们见面，在征得老师同意后我给坐在地毯上的孩子们拍照。坐在一边的助教温和地提醒我，她身边还有一个需要特殊照顾的孩子。他也是班级里的一员，不应该被忽略，不应该在任何场合被放弃。在国内，习惯了“代表”这个词，“职工代表”“妇女代表”“教师代表”——我始终是那些被“代表们”经常代表的群体中的一员，也就接受了“学生代表”这个词。可是，助教用她这个最微小的举动给我上了深刻的一课：每个孩子都是独一无二的，谁都不能代表别人，谁都不需要被别人代表，他需要的仅仅是因为他本人而被尊重。

我满脸笑容地邀请那个孩子一起走进我的镜头：我的笑容看起来很甜美，其实是为了掩饰自己的羞愧；他的笑容看起来很懵懂，却是无比

纯真，映照出我的疏忽。

一个教师如果没有足够的能力与智慧去思考全民的教育问题，那么，把目光收回来，注视当下，关注自己的课堂，仔细地、长久地、深刻地体察孩子的感受，回想一下自己是否已做到足够细致。不以国情为借口，不以体制为盾牌，我再一次反思：在自己触手可及的范围内，到底有没有完善的余地？有没有回旋的空间？自己的表情、态度和其他身体语言是否经常在向孩子传递温情？作为孩子成长的一个目击者、引领者，我有没有对身边的特殊孩子给予更多的同情、更多的关爱、更多的抚慰呢？有没有期待过自己能够让孩子们的眼睛更明亮一些呢？有没有设想过自己能够让孩子们对未来有更多的渴望呢？

记住了，我肯定会努力去做到：做自己的第一责任人，不把所有责任都归咎于客观原因；让自己凝视孩子的目光更柔和些，对待孩子的心思更细致些。

耐心地等待每一个孩子抵达自己的彼岸

埃塞克斯郡的一个教育官员说的话，真正刺痛了我。她说："你们中国课堂制造的是整齐划一的产品，我们英国课堂培养的是独一无二的个体。"悲哀的是，我找不到有力的言语反驳。或许只是我的英语表达能力有限？

看他们的课堂：每个班级除了上课教师外，另外配备了助教，助教承担很多教学辅助工作。他们的助教会给个别学生做单独辅导：五六个孩子轮流坐在助教身边，他们各自拥有一本教材。这本教材通过对相关单词的系统编排，培养学生看到比较规范的拼写就直接开口读单词的能力。比如，看到单词 skite（吹牛）和 skit（幽默短文）时就能正确读出字母 i 的两种不同发音。

助教老师为他们分别打开课本，指定页码，逐一听他们朗读，并不断纠正，每天为他们做好记录。每次只要查看一下记录，每个孩子的阅读障碍和辅导的程度都一目了然，便于教师调整今后辅导的方向。

为了防止这些孩子犯特别容易犯的错误——跳行读、串行读，助教老师自制了长而镂空的书签。书签中间只有一行单词出现。助教老师真的是在一步一步地帮助孩子慢慢学习。

教师直接面对每一个正在生长中的生命，这些生命的成长与发展各有自己的规律，本不可能同步。我们却常常会忘了这样一个现实，总是希望他们齐步走。

教育是慢的艺术。每个教师，真的更应该耐心地等待每一个儿童抵达自己的彼岸。在他慢慢行走的路上，需要的不是你的催促，而是你及时的帮助与陪护，使他一路走来，保持对学习的热情、对自我的信心、对生活的乐观态度。

培植孩子珍爱生命的理念，尊重每一个孩子独特的生命

培植人对生命的珍爱，从细节开始，从童年开始。

在英国，抱婴儿、给孩子拍照，要取得孩子在场监护人的同意。学校门口没有门房，教师凭密码出入，密码不得外泄。旅行车上教师和司机会反复提醒孩子系上安全带，并做检查。孩子的生命安全永远是第一考虑的要素，英国的孩子从小就被培植珍爱生命的理念，敬畏与重视生命的至高无上。正因为如此，他们的孩子才可以发出这样的呼吁：我们有权在教室里感觉安全，我们有权作为一个具体的个人而被尊敬，我们有权不被嘲笑或辱骂，我们有权要求因为我们的现状而被接受。

生命是至高无上的。教师要把对儿童的理解、关爱、信任、成全，在具体的教育过程中体现出来。它不是仅仅停留在理念的表达和理解上，它必须在具体的实践过程中体现出来。每一个生命个体都具备更健全的发展的可能性，每一个生命个体都内在地蕴含了这种更健全的可能性。

每一个生命个体都是迥然不同的，都有自己独一无二的秘密与神奇。接受孩子各自的独特性，不再去想着一定要求他们齐头并进。有的

生命，需要你引领着乘风破浪，扬帆远行；有的生命，需要你慢慢地、耐心地等待与陪伴，并不断地告诉他，前方无比美好，只要他努力，就会达到。

一个人的童年生活会极大地影响他的成长。作为儿童的重要他人，我——教师，应该努力让孩子感受生命的美好，引导他们对未来持有美好期待并不断相信自己。

我会这样继续努力的。

直面差异，追寻更美好的教育

——在大洋彼岸的课堂里反思

在英国为期一个月的进修期间，我参观了不少学校，更多的时间则是停留在同一所学校的不同课堂里。在大洋彼岸的教室里，我听了很多课，跟无数的英国教师直接对话，教育的悲情常常弥漫心头。及时记录，直面差异，是否可以让我多一点反思与习得？努力追寻，或许可以让我和我的学生享受教育的更多美好。

阅读不只是在课外

让我很意外的是，英国的这所学校居然每天都有阅读课。教室里有书架，学生可以随意地将书本拿来阅读，也可以带回家看。学校的走廊里，有三个地方被安排成小小的图书角，并按不同的阅读能力分成三个区域，有沙发、书柜。没有管理的老师或同学，学生们随时都可以去拿自己要看的书，全校所有的书都是共享的。

阅读时间孩子们很自在，什么坐姿都有。教师会逐日轮流检查孩子的朗读与阅读情况，并及时做好记录。没有整班性的阅读指导，没有齐读。这样的阅读，就如活动课后的放松一样。

[反思] 我们学生的阅读，总是与“课外”这个词连用。在英国的小学，阅读就是课内的。不占用学生活动时间的阅读，是否更顺应学生的天性呢？我们的学生被要求在做完大量作业之后再阅读，会有多困难？“课外阅读”这个概念，是否让许多学生与家长更倾向于关注“课外”呢？会不会因为这个定义而在潜意识里忽视“阅读”的真

正要义呢？在我们的课堂里，是不是也可以每天给孩子们挤出一定的阅读时间？

或许可以努力去践行，让阅读真正走进孩子的学习生活，让每一个孩子都能在轻松、愉悦中亲近书本，感受阅读的乐趣。

交流与陈述是社会课的主题

英国的社会课似乎没有专门的教材，由教师自行安排教学内容。我听的这节社会课的主题是：你更愿意生活在 20 世纪 50 年代的哈洛地区还是现在的哈洛地区？理由是什么？请分组交流并记录。

讨论小组是教师精心安排的。三组孩子自己讨论，自己记录。显然，有一组孩子的表达跟书写能力都有问题，教师陪在旁边组织讨论并帮助他们记录。孩子们在记录纸上涂得乱七八糟，但是每个孩子都能很好地参加讨论，表述自己的意愿和理由。分组讨论结束后，全班开始交流。交流时每个孩子都需要自己陈述，而不是被人“代表”。

讨论的话题本身没有多大意思，重要的是教师在教他们学会小组交流，学会在人前陈述。这些概念的形成，无所谓对与错、好与坏，随着孩子们长大，都会水到渠成地理解，不必刻意地输入。合作、交流、陈述，就是整节课的要义所在。

[反思] 在我们的课堂上教师也经常组织小组讨论，然而有多少是真正意义上的全员参与呢？小组里发言的永远只是几个比较活跃的孩子，更多的孩子选择沉默或转移讨论话题。让每一个孩子在课堂上学会交流、陈述，将对他们一生的发展有益。

用活动还原历史的厚重

在课堂上看到学生们在制作亨利八世时期的房子模型，我还以为这是一节手工课。然而，在与教师的交谈中，我才了解其实这是一节关于亨利八世的历史课。他们已经上了一个多星期了，在不同的课堂活动中了解历史，在形式多样的作业中还原历史的厚重与真实。

课堂形式与作业要求真是丰富多样：完成表格，填写出他六个妻子的姓名；阅读，完成关于亨利八世一生中重要事件的时间表；查找资料，制作亨利八世的家谱；模仿与复制、制作亨利八世时期的货币，并将所有孩子的作品都展示在教室的一个角落；了解亨利八世时期的建筑风格，然后想象、设计与制作一座那个时期的建筑；了解亨利八世时期盾牌的含义，收集一些家族的徽章，设计班级、学校的盾牌或徽章……

这些包括调查、阅读、临摹、设计、制作等内容的教学安排，极大地调动了孩子的积极性。孩子们真切地了解了亨利八世的家族与生平，了解了他统治时期的货币与建筑。没有机械的朗读与背诵，甚至没有相关的教科书。但是，孩子们若想出色地完成作业的话，必须去查找大量的相关资料。在阅读中反思亨利八世的功过，在调查中明确什么是符合人性的婚恋观念，在设计中调动创造性思维。经历这样一系列的教学活动之后，孩子们会在无形中积累历史、人文知识，培养创造性思维，极大地拓展视野。

[反思] 通过询问、交谈和观察，我努力去了解他们历史课的教学过程与方式。看着老师收集、整理孩子们围绕这一话题的厚厚的作业与作品，我试图问自己：如果我是历史老师，我该怎么给我的学生上这一课?

在教学制度如此不同的情况下，我可不可以通过阅读、画画、制作等形式来完成我的教学内容？我可不可以不让孩子们机械地去背诵亨利八世的生平？我是不是要回避中国课堂上对名人一向回避不提的婚姻问题？我能不能做到用8—10节课持续一个多星期来完成这一教学内容?我能不能做到让教学真的就是活动而不是简单地灌输知识?

国情与体制的不同，是不是就一定是我理直气壮的理由？我可不可以真正从孩子的角度，去设计、规划我的课堂教学？到底有没有可以调整的余地？有没有可以更改的空间？在每次的教学活动设计中，我是不是已经尽到最大努力？

性教育提前进入课堂

在六年级课堂上我聆听了校外专业人士给 11 岁的孩子上的性教育课。

由于英国十四五岁的少女妈妈越来越多，政府也越来越重视在更小的年龄段对他们进行性教育。一个连心智都没有成熟的孩子，如何能成为一个合格的母亲呢？家庭教育不到位，显然会引发一系列的社会问题。英国政府显然意识到了问题的严重性，也迅速展开了行动。而对更低年龄段孩子进行性教育，是他们的举措之一。

上课的是位中年女子，温和、亲切，佩戴着工作证进入教室。课程分为五个板块：了解我们的身体变化，了解成年男女的生理特征，讲解生理卫生知识，观看生理特征录像，女孩子的单独谈话。在整个教学过程中，出现了男性、女性的全身裸露图，性器官切割平面图、性器官放大图、卫生巾和卫生棉条的使用图、月经周期图——由于不是熟悉的老师授课，出现的画面比较亲切、自然，孩子们纵然在羞怯地笑，但有些镜头一定能解答他们心中的困惑，有些话语也一定能安抚他们在成长中因为身体变化引起的紧张。

[反思] 我们的孩子在成长过程中，实在也需要这样专业的讲解和帮助啊！记得有一年夏令营，一个高年级的女孩子第一次来例假，吓得放声大哭。我们几个女老师费了好大的劲儿才让她平静下来。孩子在成长中出现的生理变化和心理担忧，有多少家长意识到了呢？即使意识到了，又能与孩子交流多少呢？在离异家庭，女孩子跟父亲生活，或者男孩子跟母亲生活，这样的孩子的生理困惑或许会更多。

在我们传统的观念中，家长几乎不跟孩子讨论生理变化与性。那么多孩子，几乎都有一个黑色的少年时期。为突然来临的生理变化感到惊恐、慌张，却求助无门，没有人告诉他们可以怎么做。电视广告让“无痛人流”这样的词深入人心，连一年级孩子的组词作业中都出现“无痛人流”这样让人啼笑皆非的答案，却没有更多、更明朗的供孩子解答生理疑问的空间。孩子有些生理上的担心，大人看着或许可笑，但孩子或许一辈子都不好意思咨询家长和熟悉的老师，他将承受多么沉重的压力！

或许在陌生、可亲的专业人员面前，他才可以通过听取讲解、完成相关练习来解答心中的生理疑问。

历史的场景在课堂上重现

听到最活泼可爱的一节课，是 5 岁孩子上的历史课。老师给孩子们出示了几张图：有维多利亚女王的家庭合影，教孩子们认识维多利亚女王；有维多利亚时期的教室，和孩子们一起分析那个时期的教室与现在的教室有哪些不同；还有维多利亚时期教师怒斥学生的图片，让孩子们知道在维多利亚时期，老师可以惩罚学生，学生们也特别尊敬老师……

这节历史课的话题就是：今天，我们要回到维多利亚时期的学校。

老师给每个孩子取了个维多利亚时期流行的名字，她自己也换上了维多利亚时期的服饰，然后带孩子们悄无声息地列队进入桌椅排得笔直的教室，开始了“维多利亚时期的课堂教学”。老师不停地巡视每个孩子的坐姿，用他们维多利亚时期的名字与他们打招呼。老师上了两节短时间的英语课和数学课，其间有孩子轻声说话，一律被老师要求接受“维多利亚时期的惩罚”——离开教室。课间活动时男、女生分别由老师带领，很优雅地出去散步。

散步回来开始上艺术课，校长先生很合作，“有点傲慢地”进来询问老师孩子们的表现如何，老师“有点惶恐地”汇报三节课的学习情况。校长先生“比较满意”，检查了孩子们的画作，表扬了几句，也非常认真地感谢老师的辛苦工作，然后就“扬长而去”。平时散漫惯了的孩子们居然从头到尾站在那里，听老师向校长汇报，听校长致辞，直到校长走后，老师示意他们坐下，他们才敢坐下。

[反思] 教师让孩子们不断地在比较真实的环境中感悟与体验，是英国课堂上重要的学习方式之一。为了达成这样的目标，学校的所有教职工都会积极配合，争取最优化的教学效果。把一节历史课上成了话剧课，演员是校长、教师和所有的孩子们。在这个剧中，孩子们不是道具，不是观众，从一开始就是最重要的演员，亲身体验，亲自感悟，这样才能更深刻地理解那个时期的学校特色。

在情境中学习，在历练中感悟——是否可以这样简练地概括英国的小学课堂？或许，我们也可以如此效仿，带孩子们循着中国历史的年代，来演绎我们祖国曾经发生的历史事件。

人文素养，真的不是通过背诵年代时间表就可以获取的。

数学课的节奏如此缓慢

我听的这节数学课的教学内容是学习分数。老师拿出一包彩色的糖果，开始和孩子们数总数，再数各种颜色的糖果分别有多少，然后把它们以分数的形式写在黑板上。写完了，他的讲解也结束了，总共耗时不超过 10 分钟，然后请孩子们做练习。

做练习的方式极具个性。老师居然给每个孩子一袋小包装的彩色糖果和一张作业纸，让他们填写：糖果的总数是多少，各种颜色的糖果分别有多少，再用分数写出来。每一袋糖果的总数很少相同，每种颜色的糖果更是有多有少。孩子们兴致盎然，纷纷开始数起来。大概半个多小时后，孩子们终于数好自己那一袋彩色糖果了，作业纸也填完了。老师组织大家各自汇报得到的结果，然后对每个孩子的结果在黑板上进行汇总。汇总以后，再分类统计，看看最多的一袋糖果有多少粒，把同一颜色的糖果加起来，再写写分数。

[反思] 看他们的数学课堂：老师无比悠闲地等待孩子们慢慢数了半个多小时，才将一小袋彩色糖果数清楚，对此我一开始有些不以为

意，感觉太拖沓，太浪费课堂时间。但他们的老师却保持绝对的耐心，专注地等待。他不急着告诉孩子们，什么是分母、什么是分子、什么是分数，而是让孩子们在这样一个缓慢的、活泼的游戏中，自己试着去理解、去感悟。

是的，缓慢的课堂，没有节奏的两个小时。对比我们的课堂，教师的每一个教学环节都是精心预设的，每一句话都是精雕细琢的，节奏如此之快，孩子偶一分神就再也不能跟上了。如此匆忙，在有限的 40 分钟里，怎么能缓慢地等待孩子自己去发现？

一边是传授知识，请学生记住老师讲的理论，请学生做有标准答案的练习；一边是引导接触，让学生在自己的操作与运用中理解与感悟。哪个更有利于培养学生的能力呢？哪种方式更适合学生拓展性思维的发展呢？当一个民族所有孩子的知识获取都来自课堂上教师匆忙的灌输时，可以预设课堂的我们，是否可以预设这些孩子的未来竞争力？

托儿所课堂上的随想

那天去托儿所的教室，孩子的年龄大约是四岁，相当于我们国内的幼儿园小班。

他们的教室很大，布置得像个游乐场。地上铺的是地毯，孩子们很喜欢地毯，或坐，或跪，或躺，自由自在。最令我瞠目结舌的是：教室里居然有一个硕大的塑料浴缸，里面盛满了沙子。孩子们手拿着各色沙滩玩具，玩得不亦乐乎。沙子常常被孩子们撒在浴缸外面的地毯上，老师也不理会他们，由着他们去玩。

上课时间到了，老师坐在地毯上开始读故事，半数小朋友围着她坐在地毯上。助教那边围着另外几个孩子。助教给每个孩子准备了一张已经裁剪成蝴蝶形状的白纸，孩子们可以在那张纸上画画，很轻松地画出一幅五彩斑斓的“蝴蝶画”。画完画的孩子看着自己创作的蝴蝶开心地笑，引来了听完故事的孩子。

有几个孩子从头到尾没参加听故事和画画的活动，他们径自玩着自己手里的大型积木。可爱的老师居然也不去理会他们，由他们去。不过，我注意到后来那几个孩子也去画画了。似乎老师不要求他们一定要在同一时间内完成，更愿意他们乐意地去完成预设的作业，不勉强他们，随顺孩子的天性。

[反思] 教师在面对那么多稚弱的心灵时，能不能更多地随顺他们的心性呢？因为随顺，孩子们会不会也就少了因为反抗、不认可、固执引发的叛逆呢？给他们更适合的课堂环境，更多的宽容与忍耐，是否就能达到预期的效果呢？而我们追求的效果，到底又是什么呢？

一定有原因在其中

每周回家看望父母一次，风雨无阻，高温不改。这天，高速公路上不断有电子屏幕显示，地表温度已经超过62度。在这种高温天气下开车，人很容易焦虑。

高速公路上有规定，小车靠左，货车靠右。一些车速缓慢的小面包车，一般也会自觉地靠右行驶。但是今天，才上高速不久，一辆大卡车在我前面晃晃悠悠地龟速行驶。

经常在高速上飞奔的我，即便是遇上如此高温的天气，也能心平气和地跟在它后面。经验告诉我：也许在它的右前方——在我看不到的地方，有一辆速度更慢的超重货车或者一辆老旧的小面包车，而它只是暂时借道，想超过右前方的那辆慢车。

可是，别的车主不这么想，纷纷超车。他们变换车道到右边，先超过我，再超过我前面的大卡车，然后回到左边车道。这些车子络绎不绝地从我右边经过。我继续保持着安全距离跟在大卡车后面，我相信它超过那辆我看不见的慢车后，会回到右边车道的。

终于，大卡车司机在确认后面再没有汽车要超速之后，开始打右转向灯，然后慢慢回到右边车道。同时，我也顺利地在左边车道超过它。

然而，超过之后，我吃了一惊！右前方并没有我以为的超重车子或者老旧面包车，空空如也。换句话说，我白白地在这么高温的午后跟在大卡车后面慢速地开了一段距离。当时，第一个念头是小小的懊恼，以及一点点埋怨，觉得这个卡车司机素质太差了，无端地占用小车的车道。

继续前行的时候，多年积攒下来的一点点小智慧突然冒出来轻轻提醒我：卡车司机占用左边车道那么长时间，一定是有些原因在其中的——我更愿意听到这个声音，更愿意相信没有那么多人存心要让人不方便、不舒服。

念头回转之间想起：其实，我从苏州城区收费站上高速不久，右前方就有一个通往南京方向的岔道，那么，很有可能，在我前面的大卡车的前方真的有一辆速度更慢的车，当时它真的只是想借道超车，所以它占用了左边车道。而等它到了左边车道后，那辆慢车往南京方向转出去了。等它想回到右边车道的时候，因为后面有不耐烦的小车不断超车，导致它无法尽快回到右边车道。而我，就是在这个时候注意到了这辆车，在这个时候注意到它一直在我前面。

想通之后，为自己刚才腹诽卡车司机而羞愧。我看到的事实——卡车司机占用左边车道一段时间，的确是事实。但是，孤立的、片段的事实，未必是真相。如果多怀一些善意，我可以在第一时间理解卡车司机，并对他充满体谅。

由此，想起一个又一个课堂里的真实场景：学生 A 上课打瞌睡，学生 B 不完成家庭作业，学生 C 跟同学吵架，学生 D 违反课堂纪律，学生 E 损坏了公物……当我们看到的时候，这些场景全都是事实。“眼见为实”的推论，会让有的教师理直气壮地给学生贴标签或者下定义：A 不尊重上课教师，B 学习态度不端正，C 不团结同学，D 无组织无纪律，E 不爱护公共财物……然后分别批评教育。可事后困顿的不只是学生，还有教师。学生有可能委屈或者不服气，教师则有可能更多一些自责与无助：我反复强调了，为什么学生还是屡教不改？

有时候我也犯这样的错误，也有这样的焦虑。

然而，这次的经历却生动地给我上了一课。我们所见的孩子们犯下的各种错误，的确是事实。但是，这些孤立的、片段的事实背后，一定是有一些原因在其中的。上课打瞌睡的 A，也许昨晚写作业写到很晚；

不完成家庭作业的B，也许昨晚身体不好，或者家里有事；跟同学吵架的C，有可能真的受了委屈；违反课堂纪律的D，可能太渴求教师的关注；损坏公物的E，可能只是想做个试验，没拿捏好分寸……

教师如果一味强调所见的事实，而不试图去理解“事实”背后的“原因”，那么，即便批评再多，教育再多，也可能无效。我愿意从此提醒自己，在面对孩子的各种不良行为时，要多对自己说“一定有原因在其中”，并努力去探究真相，从而真正解决问题。

学校本该成为“母校”

中国文化中素有带有温情、美好含义的词语，比如：出生地谓之“故乡”，就读过的学校谓之“母校”。无论是“故乡”还是“母校”，都与身处其中的“我”息息相关。“我”出生的地方才是“我”的“故乡”，“我”读过书的学校才是“我”的“母校”。如果没有“我”，它就是毫不相干的地方、毫不相干的学校。

长久以来，我从未质疑过其间的逻辑。我以为只要“我”在，出生地就是“故乡”，就读过的学校就是“母校”。

可是，从复旦大学退学的袁涛同学那句“你才复旦的，你全家都复旦的”让我触目惊心。对袁涛来说，他自然是不会为复旦大学冠以“母校”这个称谓的。因为这句宣言，我不免要想：长久以来，是不是“母校”在更多的时候只是学校方面一厢情愿的表达？学校是谁的“母校”？是留在学校里的人——在职教师、在读学生，还是离开学校的毕业生甚至肄业生？

答案显而易见：是后者。

但是，我们却经常听到一些言论，或者看到一些报道：留在学校里的人信誓旦旦地声称“优秀毕业生回来看望母校”。这样的表述未免给人错觉，“母校”这个词仅限于毕业生（或肄业生）使用，就像“我的母亲”只能由“我”来称呼，而不是“母亲”她自己。“看望母校”的表达是来自“优秀毕业生”的声明，还是来自学校的抒情？如果是后者，不免有“给自己脸上贴金”的嫌疑。

当年的“优秀毕业生”，后来的“社会精英”一定把就读过的学校看成“母校”？——现实生活中不乏当年的“优秀毕业生”从此杳无音讯的。再深究一下：即便这些“社会精英”回访学校，是出于毕业生内心的怀恋，还是学校安排的“衣锦还乡”？

其实，我真的很喜欢“母校”这个词，但是我愿意使用这个词的人不是校方，而是毕业生（或肄业生）。无论他是社会精英也好，普通百姓也好，如果他想起学校的时候，心里充满了感念，并因此有信心有力量面对现实人生，而且在毕业多年后一直对学校念念不忘，不仅寻求各种机会探访，还主动尽自己的最大能力回馈学校，那么，这所学校才称得上是他的“母校”。

可是，我们不得不承认，很多学生把毕业看成“解放”，把离开学校看成“胜利大逃亡”。毕业后，很多学生再也想不起学校，并绝不愿意踏足学校半步。这些学生在学校里究竟承受了多少失败、痛苦，甚至绝望？对他们来说，就读学校并没有成为他们的“母校”。

学校本该是每一个毕业生都愿意用“母校”一词来怀念与称呼的地方。教育行政官员也好，校长也好，教师也好，存有此心去面对学生，或许呈现在教育现场的诸多面貌可以变得更加柔和、更加美好。

看看学生们的脸

读了周彬教授的《叩问课堂》一书，喜欢上了“叩问”这个词。教师在课堂上究竟该叩问些什么？很好奇大学教授对基础教学阶段课堂的研究角度。跟着他的视野，也去叩问，却深深震撼于书中一个标题——“谁来还孩子那张充满朝气与无忧的脸？”读毕这篇文章，当然能知晓周彬教授提供的答案：考试成绩背后的考核机制与利益机制。然而，我依然心存疑虑：是不是教师绝对不用为之负责呢？是不是有了大背景大前提，教师就可以置身事外呢？到底是谁可以还孩子那张充满朝气与无忧的脸？

萧伯纳曾经说过：“我生下来时很聪明的，教育把我给毁了。”这句话如果被那些所谓的“后进生”听到，他们会不会把这句话作为一种自我辩护的武器呢？到底是那些教师无法掌控的机制夺走了孩子们满脸的朝气，还是教师的不当言行？……这样的叩问，问得自己心慌。

这个学年我执教一年级和六年级，一个是起始年级，一个是毕业班。当我站在一年级课堂放眼望去，孩子们稚嫩的小脸上流动着无比生动的光泽，一个个都那么神采奕奕，甚至有让人忍俊不禁的张扬。然而，当我站在六年级教室，即使我再温和再友善，总有一些孩子很明显地流露出自己最好不被教师关注到的姿态。他们的眼神涣散而茫然，安静地沉潜在不欲被外人惊扰的小世界里。当我穿过长长的走廊，从一年级教室来到六年级教室，脑海里时常浮现一个词语——穿越。小学六年，孩子们就这样穿越了天真烂漫，穿越了无拘无束，穿越了无比润泽的生命状态，最后，他们究竟抵达的是怎样的彼岸？谁应该负最主要的责任？看着孩子们的脸，看看他们脸上是否有灵动的光泽，真该好好叩问自己。

享誉世界的印度哲学家克里希那穆提也叩问过："教师唯一的职责就是交流知识吗——传递信息、思想、理论，通过对理论的多方探讨来阐述它们？这就是教师的唯一职责？如果这就是教师关注的一切，那么他就只是一台活的计算机。"[①]而在古代中国，教师一直在履行绵延千年的"传道受业解惑"之天职。或许，中国教师一直只是最古老最忠实的"计算机"？我们的课堂上，是不是其实一直缺乏对孩子们独特生命的礼敬？在现行考核机制的压力下，我们——学校、教师和家长，是否过于强化考试成绩的意义？这些"强化"是否已经在不经意间让部分孩子自动给自己贴了标签——"学困生""后进生"？是不是这样无形的、自动贴上去的标签，使得孩子的脸上失却了同龄孩子本应该有的生气？

站在教室里，目光与无数孩子相遇。看着他们神色迥异的脸，我不由得想：这个神情舒朗的孩子，是否得到过我比较多的关注？那个紧张局促的孩子，是否遭遇过我过于严肃的批评？除了考试成绩之外，我是否关心过孩子们的其他方面？课堂上除了学科知识的传授，我是否关心过他们的生命状态？我是否关心过他们的未来？我是否向他们流露过：我不仅关心他们的未来，也关心人类的未来？

看着孩子们的脸，好好看着，好好叩问自己。

---

①克里希那穆提．教育就是解放心灵［M］．张春城，唐超权，译．北京：九州出版社，2010：140.

何必一定要“最好”

做一个“好”学生，打造一个“好”班级，创建一所“好”学校……这是多么美好并可以付诸实践的愿景！然而，当所有的学生、所有的班级、所有的学校都试图或者被要求去成为“最好”时，结果如何？

那些“最好”的学生、班级、学校背后，是多少孩子幸福童年的流逝，是多少家长与教师的万般艰辛，是多少校长不能承受的痛！

“好”还不够吗？“最好”有那么重要吗？

在教育水平“最好”的地区、“最好”的学校、“最好”的班级，那些孩子个个都是“最好”的学生吗？——那些孩子都是“最幸福”的学生吗？

“最好”的教育在哪里？“最好”的学校在哪里？

我生于上世纪 70 年代初，读小学、中学时，正值 80 年代。看着现在的学生，我不得不思考：那个时候的教育和现在相比，哪个更好？

上世纪 80 年代的学校并不要求每个老师执教的班级都是“最好的”。班上的孩子们，大致分为三种：爱学习且学习成绩好的，不怎么爱学习且学习成绩一般的，不爱学习且学习成绩极糟糕的。这三种学生，在班级里一直相安无事。第一种孩子不用老师特别关注，他们一贯好学、自律，考高中，读大学，毕业后成为社会精英或者行业骨干；第二种孩子，基本不给老师增加烦恼，该写的作业从不拖拉，完成九年义务教育之后，或者读职业高中，或者直接工作，成为自给自足的普通劳动者，他们的人生幸福指数也未必会低；第三种孩子，不肯写作业的居多，老师也基本不强求，只要他们在课堂上保持安静即可。这些孩子一半是学习能力弱的，一半是爱淘气、会折腾的。他们完成九年制义务教育后，前者也可能成为自给自足的劳动者，后者可能一不小心折腾出一番大事业来。

因为学校不被要求创建到“最好”，班级不被要求打造到“最好”，学生不被要求做到“最好”，所以，无论是学生、班级还是学校，都自自然然地发展，自自然然地产生一个个“最好”。这样的“最好”背后，没有那么多辛酸与辛苦。那时候的家长，也自自然然地接受自己的孩子是“会读书”“不怎么会读书”或“特别不会读书”中的那一个。家长不会指责教师没把孩子培养成“最好”的那一个，教师也不会指责家长不配合把孩子打造成“最好”的那一个，家长与教师之间绝少相互抱怨，相反很多家长都从内心深处感谢教师。

现在的孩子们呢？因为身处必须成为“最好”的学校、“最好”的班级里，他们被要求必须成为“最好”的学生。不能不爱学习，不能不及格。如果不爱学习或者不爱写作业，教师如临大敌，苦口婆心也好，气急败坏也好，一次次找家长沟通也好，就是要改变这些孩子的天性，就是幻想他们有一天会成为爱学习的学生，好让自己的班级成为“最好”的那一个。于是，大部分孩子考高中、读大学了。可是，大学毕业后因为能力弱找不着合适的工作的，然后回乡（家）成为普通劳动者的不还是那么多吗？

可是，这两拨人的童年幸福程度相似吗？

学校不该成为这样的地方

把优等生（学习能力与成绩方面）逼成尖子生，把中等生逼成优等生，把后进生逼成中等生，如果这么做，代价就是孩子们失去了童年的幸福。而童年的幸福是为人一生的幸福打底的。如果一个人的童年不够舒展，他长大后对社会也就少了宽容、接纳与回报，有可能多了排斥、抵抗甚至憎恨。

每个学生都最好，每个班级都最好，每个学校都最好，可能吗？即便每个学生门门功课都满分都是“最好”的了，每个班级与学校因此也成为“最好”的了，可是等这些孩子踏上社会，不还是因为他们的能力不同而成为社会的不同阶层吗？这跟上世纪 80 年代初中毕业生的情形有多大区别？唯一的区别可能是，所有的孩子都因为被要求成为“最好”，而付出了惨痛的代价——写不完的作业、每次测试之后面对来自家长与教师的压力、颈椎损伤、手指变形、眼睛近视、没有足够时间去做游戏、没有足够时间去阅读。学校几乎就成为孩子们写作业的地方。

这样的教育，怎么可能是“最好”的教育？“最好”是“好”的敌人。成为了好学生，打造了好班级，办出了好学校，这样已经够好，何必一定要“最好”？

写下，就是不沉默

2015年听到一句动听的话，来自我的小同事。她曾与我搭班两年，做我的副班主任。这一学年她被交流到其他学校，并升任为班主任。在学期快结束的时候遇到她，她那么热切地告诉我："沈老师，我用你的办法带班级，效果真是太好了！"她所说的"好"效果是：自己不用大声吼，班级也井井有条。

其实，我并不是特别"有办法"的班主任，也说不出自己带班级的"办法"在哪里。我带的班级，最多从班级面貌上比较好认：孩子们会比较静心，言行举止会比较有修养。

两年的光阴里，副班主任和我并肩站在共同的教室里，面对着相同的孩子们。我曾经无数次跟她讲述孩子们的各种情况，交流我的各种想法。那些不经意的言说，让她听到了一些"方法"，而这些"方法"，让她在做班主任的时候比较轻松？用她的话说："走进执教的另外一个班级（不做班主任的班级），就觉得完全不一样，只觉得那个班级里成天乱哄哄。"

我从来没有刻意地去教导这个年轻的姑娘。虽然我比她年长很多——我已经工作了20多年，而她才刚刚入职。我不认为教龄比较长就具备了教导年轻人的资格，但我乐意表达我自己。无论是言说还是文字，我都在思考和表达：教育本该是这样的，教育可以是这样的。

在教育现场，越来越觉得艰难：很多违背常识的工作，不得不应对；很多子虚乌有的事情，不得不呈现。在这种情况下，最安全的状态或许是沉默，沉默地执行一切指令。沉默，会更有可能被认为有上进心、谦卑，甚至忠诚；而表达自己对事情本身的看法和对教育的理解，几乎成为一种冒险。有的教师选择了沉默，尽管有时候连自己都觉得荒谬的事，也可以全力以赴，甚至变本加厉地下达给学生。对教育本该是怎样的面貌，他们明知道却一口推脱：国情如此，体制如此，我也没有办法。

然而我一直记得“亨里奇案”。1992 年 2 月，柏林墙倒塌两年后，守墙卫兵亨里奇受到审判。在柏林墙倒塌前，他射杀了企图翻墙而过的青年克里斯·格夫洛伊。亨里奇的辩护律师称，这些卫兵仅为执行命令，别无选择，罪不在己。然而法官西奥多·赛德尔并不这么认为：“警察不执行上级命令是有罪的，但打不准是无罪的。作为一个心智健全的人，此时此刻，你有把枪口抬高一厘米的主权，这是你应主动承担的良心义务。在这个世界上，在法律之外还有‘良知’。当法律和良知产生冲突时，良知是最高的行为准则，而不是法律。尊重生命，是一个放之四海而皆准的原则。”最终，卫兵亨里奇因蓄意射杀格夫洛伊被判三年半徒刑，且不予假释。亨里奇案作为“最高良知准则”的案例早已被广为传扬。在执行命令的时候，应该首先是人，然后才是卫兵。

而在教育现场何尝不该如此。在工作中，教师不得不执行违背教育常识的指令，已经令人备感遗憾，但至少我们可以不用美化那些有违常识的活动动机，至少我们在身不由己的时候，还可以回味或者向往美好的教育。而这供人回味或者向往的教育，如果没有人言说，谁还有印象，谁会去记取，并如何传承？

其实，我更愿意的表达方式是“写下”。写下我看到的美好的教育，写下我对教育常识的理解。常常有教师同行给我留言，因为我的某些句子温暖了他们，也因为我的某些做法给了他们启迪。他们的赞美与感谢，我都笑纳，但并不陶醉。

“写下”就是对自己最好的报答。

我知道有不少年轻同事在关注我的微信公众号，但是当学校某位行政人员跟我商量，试图将我的微信公众号推荐给年轻教师时，我一口拒绝了。我不希望用行政命令的方式来强行要求年轻教师关注我的文章，或者认同我工作中的观念与想法。

我写下，我表达，这是我乐意做的。有谁听到，听到的人是否足够多，他们是否认同，认同之后是否有相应的行动……这都不是我关注的。

我愿意选取自己舒服的方式：与工作中交集比较多的同事会多一些正面交流（对工作交集不是很多的同事，即便目睹其做出我认为比较不合适的教育行为，我一般选择主动避开），其他时候则安静地写下。我不焦虑，不觉得自己的观念与做法就必定是正确的而急欲向更多人推广。我爱在角落里琐碎细语的感觉，被他人偶尔听见，触动他们的小感悟、小反思，从而带来小调整，我都会觉得是额外的小欢喜。

而这样的小欢喜，随着我表达得越多，得到的也越多。我的那个小同事，再过两三年，她就该是一个心智成熟的教师了，我相信她心里渐渐会有自己的行为准则。而她在跟别的同事——尤其是以后刚入职的年轻同事——交流工作的时候，她的行为准则和教育理解必定会自然流露。

写下，就是不沉默。

记录生命的轨迹

我在博客上的文字越来越多——超过 170 多万，在刊物上发表的文章也越来越多——5 年里超过 100 篇，还在两家知名刊物上开设了自己的专栏，于是，“会写作”的赞美声也多起来了。我总是微笑，然后客气有礼地拒收这样的表扬。因为过多地“拒收”，也就开始被批评“过于谦虚”。但是自己知道，真的不是谦虚，而是内心的某种不认同。写作，更应该彰显“创造”与“美化”吧？我的文字与“写作”的区别，显而易见。

自己所有的文字，我都谓之“记录”。很多时候，只是信手涂鸦，常常笔随心走，或许有些天马行空，甚至不去讲究文章结构的周正、词语的优美、意境的深远，但却总是及时地、持续地记录。安心于这样的记录，自在、闲适，如同呓语，不在意是否有人聆听，肆意流露真性情。一天天、一年年，持续地记录，生命中的诸多轨迹也因为“记录”而有迹可循。

记录下内心汲取的力量。喜欢阅读，在书页间穿行，总是不断遇见：遇见感动自己的人与事，遇见打动自己的片言只字，遇见激发自己思考的碎语，遇见让自己触目惊心的叩问……一册册图书读毕后的掩卷时刻，总是忍不住去记录下那些跌宕心绪。有时候是摘抄后的点评，有时候是真心的共情，有时候是温和却坚定的质疑……这些记录，帮助我一遍遍回味读过的书，一遍遍从中汲取精神成长的养分。我愿意相信，在完善了“人”的成长之后，才能够追求作为“教师”的教育专业素养的成长。

记录下组织教学的反思。课堂是师生生命相遇重要的场地之一，课堂的组织教学则是师生心灵对话的主要渠道。每一课，总有回味起来特别喜滋滋的环节，也不时有过后觉得欠妥当的细节。第一时间去记录下这些欢欣与沮丧，保持深刻的反思、持续的追问：我在解读教材的时候是否站在儿童那边？我在设计课堂教学的时候有无考虑到孩子们的需求？我的讲解可不可以更精当、更简练？

新学期，从毕业班回到四年级的课堂。三年前每节课后的每一篇教学随笔，都唤醒我当时的种种滋味。这些原生态的记录给予我最大的帮助是，在又一轮的四年级教学中，给予我无数提醒、告诫与建议。

记录下师生相处的经历。与课堂的“组织教学”相比，在教育中更具影响力的其实是“侧面教学”——与教材无关的教育。

即使不做班主任，依然相信教师本身就是最重要的教育资源。给孩子的微笑与拥抱，与孩子们探讨的种种话题，与孩子们一起经历的那些突发事件……那些笑与泪，那些欢喜与疼痛，都是职业生涯里不可割裂的回忆。

记录下突如其来的感悟。生命中有很多人、很多事，打动你的其实也就是最细微之处，但细节往往又容易被疏忽或被遗忘。同样，自己的很多感悟，也只是在特定环境中、在特定事件后突如其来的，转瞬即逝。如若不及时记录，这些感悟，或许也就无从追忆。

记录，以文字为证，我曾这样走过……

为了更有尊严地工作

最近，名师离职的新闻纷至沓来，我也陆续读到相关的访谈或声明。辞去公职的名师们各有去处，辞职的理由也各不相同，但比较相近的是，他们对自己工作过的学校或者身处过的教育体系，都是言语客气，并无微词，反而流露出诸多感恩与感谢。

我相信名师们一路走来，自然遇到无数鼓励、帮助过他们的人，我也相信他们的感恩真实不虚，但是，我总觉得，那些四平八稳的辞职声明中，有些东西其实是故意忽略不提的。

有一次，与一个朋友交流这个话题。这个朋友，为了离老家近一些，从外省考入家乡省内一所公办学校。然而，仅仅一年之后，他就决然离去，重新脱离体制。他在公办学校的一年时间里，不能说无所适从，相反简直是“获奖专业户”。从少先队活动、课堂教学，到教学设计、论文评比，一路获奖，且不少是高规格的一等奖。然而，在他离开体制半年后，当我跟他交流“名师跳槽”时，他简单地答复：“外面的世界更广阔，我觉得工作起来更有尊严。”

这句话恰恰对接了我以为名师们辞职声明里故意忽略不提的东西——尊严。

我这个朋友，在离开体制后的工作压力未必会小。无论是他微信里呈现的状态，还是他跟我的交流，都在表明：要做的事不少，要学的东西很多。可是，他热爱这种忙碌。或许，这令他感觉保有了职业尊严。

忙碌、压力大，从来不会令一个名师或者并不有名的好教师逃离，而没有尽头的没有尊严的工作状态，才真正会令人萌生去意。

有一所学校的校长某次去教师办公室，教师们都忙着低头做自己的事，没注意校长进出办公室，所以没有一个人主动打招呼。当天的教师大会上，校方出台文件：当校长走进教师办公室，大家都必须站起来。

有的学校，无论什么活动都要力争“优秀组织奖”，于是不断给班主任施压，必须确保学生百分之百的参与率。一旦有学生或家长不配合，班主任首当其冲被领导指责为“故意不支持学校工作”，再不济就被定性为“工作成果不佳”，并且与年终绩效奖金挂钩。

有的学校，经常对学生搞突如其来的抽测，美其名曰“学业水平测试”，一旦班级均分偏低，哪怕教师接这个班级仅仅两个月，都会因此被认定为“教学水平差”，从而失去各种评优资格。

有的学校，领导容不得教师正常时间下班。一旦有教师在正常时间下班，领导就开始旁敲侧击，大会小会表扬晚上六七点钟还没有回家的同事，营造“比赛谁更晚下班”的风气。

有的学校，常常早上制定了一个章程，责成教师们完成，到了下午就修改章程，因此给教师们带来了负担，而领导从不在意。朝令夕改几乎成为常态，令不少教师生发出“早做早错”的应对智慧。

有的学校，动不动要求全校教师穿校服，但当天校长自己是不穿校服的，借此凸显自己不同于一般教师的地位。

有的学校，校长对学生早上遇到自己喊“老师好”巨不乐意，责成班主任在教室中展出校长照片，学生遇到校长必须称呼“校长好”。

有的学校，相关部门自己疏忽了及时落实相关工作的传达，非但从不致歉，反而毫无愧色地命令教师们在最短时间内完成几乎不可能完成的工作……

凡此种种，不胜枚举。一个在私立学校待过多年后考入公办学校的教师说：“在私立学校，老板对教师们都言语客气，保持基本的礼貌；而到了公办学校，发现校长们颐指气使，简直要让人以为这学校是他的私人财产。”

在教育现场，很多教师几乎感觉不到自己独立人格的存在，而是和学生一样，似乎成为某些校长谋取各种政绩的道具，甚至工具。在这种情况下，越是真正热爱教育的教师，越会觉得痛苦。但凡名师，除了教学基本功扎实，大多数通晓教育常识，懂得教育规律。而在身不由己的情形下，连基本的教育常识与教育规律都无法遵守，内心该是多么沉重。他们要么蒙蔽自己的心灵，要么就只能选择离开。

媒体经常会赞美有些教师几十年如一日坚守在偏远的、条件艰苦的农村学校，有些读者会对此嗤之以鼻：那是他没有本事去更好的学校。而我宁愿解读成：即便是在偏远的农村，即便条件艰苦，这个教师坚守了几十年，他必然在这个过程中感觉到他是在有尊严地工作。这份对职业的认同感，才是真正支持他留守几十年的最大动力。

同理，名师也好，普通教师也好，当他们有朝一日义无反顾地选择离开熟悉的体制时，他们最大的追求，我相信也必然是——更有尊严地工作。

由无印良品门口的队伍想到的

这个双休日，因为孩子留校难得有自由时间，遂决定在上海溜达两天，一个重要原因是：想去看看刚开业的号称全球最大的无印良品旗舰店。

前几天才去过“把书店杂货铺化”的苏州诚品书店，被店里汹涌的游人闹得堵心。因此，在去无印良品上海店的时候，内心有些小忐忑，不知道“把杂货铺书店化”刚刚开始卖书的无印良品，是否会人山人海。

无印良品店内诸多家居用品、文具、服饰的色彩柔和、低调，一般都是黑、白、灰，或者米色和藏青，最多暗红色。在店内待再久，都不觉得视觉疲劳。最为可喜的是，每个角落都有书。在售卖旅行用品的区域，随手可见各种游记类书；在售卖床上用品的区域，书架里保证有“如何更好地收纳”这样的书……这样的分类特别有趣，而且店内随处都能落座，可供顾客安静阅读。

我在店里愉快地泡了三四个小时，读了好几册绘本，看了两册书，喝了一杯饮料，买了一些文具和一本书。离开店堂的时候，已经下午 2 点左右。出门的时候，吓了一跳！门口的队伍，沿着大厦，沿着淮海中路，逶迤成长龙，大家都安静有序地等待着门口保安放行。

我忍不住站住，回头看着大厦上简单朴素的 MUJI（无印良品）字样，内心充满了感动与感恩。在我逗留的这几个小时里，我曾经那样慎重地被对待过。商家考虑到了每一个顾客的感受，始终控制着客流量。因此，这几个小时里，我没有感觉到人声鼎沸，没有感觉到拥挤不堪，一直保持着轻松与愉悦。客流量与顾客的感受，我觉得无印良品一定更看重后者，这一定会打动来过这里的顾客。至少，我愿意再来。

而我去过那么多景区、商店，很少得到过这样的礼遇。景区里只能看人，商店里只能抢购，饭店的角角落落都可以随意添加用餐桌子……有些商家为了追求最大的“量”，一点也不在乎游人和顾客的感受（“质”）。

无印良品也是商业店铺，为什么他们会这么在乎顾客的感受？是因为他们自己习惯了这样被礼遇吧？是不是这些创业者从年幼开始，因为小班化教学，他们的个人感受都会被教师和同学慎重对待，所以他们也会去体贴、照顾他人的感受？这样体察他人的习惯是从童年开始养成并成为一生的习惯？而我们，从小时候的大班化学校生活开始，在班集体的约束下，自己的真实感受容易被忽略或者习惯自我掩饰，教师对班级的控制远远甚于对学生个体感受的关注。我们习惯了自己不被慎重对待，所以也没学会慎重对待他人？

如果我们从孩提时代开始，就读一个容量很小的班级，一个班级很少的学校，学校里从校长到厨房阿姨、门房爷爷都认识自己，我们一丁半点的欢喜悲伤都被慎重对待，我们是否也因此学会并习惯去慎重对待他人？这个“他人”，是我们的邻居、家人和朋友，也是我们的客户、合作伙伴、面对的学生，当然也包括仅仅是路上遇到的陌生人。

从书页间开始“西行”

很小的时候，读埃德加·斯诺的《西行漫记》，居然收获无数的浪漫印象。生长于江南的我，对于西部——无论是国内还是国外，都是不胜想象的所在。只能在书页间、文字间逡巡，国内西部作家的作品也好，西方经典文学著作也好，都深得吾心。

我的阅读史开始得很早——10 岁开始大量阅读，文学、历史、地理、政治类读了一大堆，虽然只是泛读。可是，这样爱读书的人啊，居然莫名固执地拒绝“教育阅读”很多年。刚开始工作的时候，仗着自己并不太糟糕的遣词造句的能力，可以写写文理还算通顺的总结应对检查。

2004 年秋季，工作调动，我进入市区重点小学工作。学校就在市立图书馆边上，泡图书馆成了我生活中的常态。喜欢的文学书反复读过，新生代作家的文字很少能爱上。恍然间觉得无书可读，闲来无事，居然站在教育著作专架前立意：“那就开始读教育著作吧！”——未料想这一闹着玩似的“立意”，居然是深深潜入的开端。

先读国内教育名家和优秀教师的著作。从“被唤醒”的狂喜，到感同身受的日渐明晰，然后，却又渐渐混沌。走过全盘接受到独立思考的必经之路，这次的混沌当然与当初的“无知者无畏”迥然不同，刺得人有些痛楚，但我知道必须面对。迷茫中，开始将视线投向之前甚为抗拒的西方教育理念。

从书页间，开始了我的“西行”。

读洛克。赞同洛克“德行、智慧、礼仪、学问”这样的排序，同意他所说的“在一个人或者一位绅士应具备的各种品性之中，我将德行放在首位，视之为最必需的品性”[①]。

因为洛克，因为“德行、智慧、礼仪、学问”的排序，我从此坚定了之前的懵懂。先教孩子们做人，再教孩子们做学问，是我一向秉持的信念。曾经犹豫，为自己一再的“越位”，因为我不是班主任。然而在洛克这里，我找到了坚定的依据，从此，再无彷徨，一定把孩子们的品行教养放在首位。

读蒙台梭利。因为她呼吁——“成年人应该去努力理解儿童的需要，这样就可以给他们提供一个适宜的生长环境，使他们得到满足”[②]，让我坚守教育中的儿童立场。教育的原点是儿童，我从此真正去倾听儿童的心声，真正站在儿童的角度去理解他们看到的世界。

读帕克·帕尔默。帕克·帕尔默先生让我懂得：“‘来自地狱的学生’不是天生就是那种样子的，而是被他或她所不能控制的环境造成的。”[③]这样的孩子，往往来自非常特殊的家庭。他们的内心充满了恐惧，却总是用冷漠、沉默、不思进取来掩盖。面对“来自地狱的学生”，教师不能逃遁、忽视、回避、简单地呵斥，而是应该努力靠近、积极帮助。

读马克斯·范梅南。从此铭记：“教育学就是迷恋他人成长的学问。”[④]在这之前，向来觉得“教育者”只是一份职业，要求自己敬业就好、专业就好，从没设想过要去“迷恋”。然而，或许只有在“迷恋”之后，自己的职业生涯才可能更有温度、更有性灵。

走近一个又一个西方教育学者，阅读一本又一本西方教育著作，开

---

①洛克．教育漫话［M］．杨汉麟，译．北京：人民教育出版社，2006：128.

②蒙台梭利．童年的秘密［M］．金晶，孔伟，译．北京：中国发展出版社，2006：59.

③帕尔默．教学勇气：漫步教师心灵［M］．吴国珍，等译．上海：华东师范大学出版社，2005：46.

④范梅南．教学机智：教育智慧的意蕴［M］．李树英，译．北京：教育科学出版社，2001：18.

始愧疚，为自己的后知后觉。但是马克斯·范梅南也说过，“每一个人都是迟到者”[①]。在教育旅途上，我真的也是那个“迟到者”。曾经也是个在孩子们面前“特别有办法”的教师，沾沾自喜于自己的令出必行，而今却无比质疑自己“有办法”背后的内涵。

在这样的质疑中，我居然开始了真正意义上的“西行”。从书页间起步，是否预定了一个我不能预设的盟约呢？

2008 年暑假，我走进了英国的小学课堂，近距离地感受西方基础教育。带去异国的纸质书，只有一本苏霍姆林斯基的《给教师的建议》，常常在异国的课堂里印证他说过的话。眼前所见的课堂，和苏霍姆林斯基的话几乎同时撞击我。在这样的撞击下，教育的悲情无边无际地弥漫。原来有些感受，不对比或许也就永远不能懂。那些没有名师头衔的普通英国教师，用他们自我感觉至为寻常的行动，一遍遍地在向我阐述：儿童的成长，不仅仅需要等待，也需要耐心地陪伴，每个孩子都是独特的生命个体，他们前行时不可能同步，有的孩子更需要特别的爱与关心，一步一步慢慢走。

这次“西行”，真的让我在教育旅途中来了一次转身：从此开始探究更专业的教师姿态，试图让自己的学生享受到教育的更多美好。

因为不够聪慧，只好下笨功夫—— 一字一字地摘录。只有如此笨拙地阅读，才真正刻骨铭心，才能记取最初的感动、震撼、迷惘与惊喜。

记下了“童年是一个人不断犯错，并从错误中不断学习的时期”[②]，从此更愿意接受我的课堂上有“差生”存在。他就是“差生”，他就是屡教不改，他就是没有办法达到你对别的孩子的要求，他就是完不成你布置的作业。我试图说服自己：今日的“差生”，只是处在犯错误之后尚未认识与反省阶段的孩子，他会在犯错中成长……

---

①范梅南．教学机智：教育智慧的意蕴［M］．李树英，译．北京：教育科学出版社，2001：23.

②转引自：李茂．英学生行为管理报告建议教师向电视节目主持人学习［N］．中国教师报，2009-04-24（3）.

美国教师弗兰克·迈考特在《教书匠》一书中说："我找到了自己的声音和教学风格。"[①]我愿意相信，这些通过在书页间"西行"得来的诸多教育理念，已经深深影响我的声音和我的风格。在2009年《中国教师报》为我开设的个人专栏"石梅笔话"里，我开始发出自己的声音，跟全国同行探讨教师面对儿童的专业姿态。"温情、善意、敏感、理解、尊重、呵护、随顺、体谅、专业和自省"是专栏的关键词，这些关键词无不呈现着我自己的风格，并逐一在教育现场呈现。

①迈考特.教书匠[M].张敏，译.海口：南海出版公司，2008：208.

第四章　打造一间安静的教室

打造一间安静的教室

创建一个有安全感的班级

营造班级的阅读氛围

缔造学生珍爱的家园

重视教室里的仪式感

培养学生轻言细语的习惯

培养学生良好的交际能力

培养让学生终身受用的素养

平等，在班级生活中践行

体验后果，让教育更有效

共情，让班级更和谐

给学生有效的奖励

家长会——心与心的遇见

妥善处理校园突发事件

幸福的路，和同事们一起走

打造一间安静的教室

讲评英语单元练习卷时，我习惯讲完一大题，请孩子们订正一大题。在大多数孩子开始订正的时候，陆陆续续有孩子轻轻地走向讲台，或者向我反映试卷上批错的地方，或者有些疑惑地追问缘由。

在每天的自习课上，我会安排孩子们默写英语单词，然后交换批改并订正，再将订正好的本子交给我。我核查他们的互批情况，并批改他们订正的单词。每次互批结束，总有三五个孩子轻轻地走近我，指着单词问："这个单词是对的啊，可是同桌批的是'错'。"

今年的教室在底楼，一到下课时间，至少有半数的孩子欢天喜地到外面玩，教室里只剩下安静阅读和个别作业写得慢的孩子；去年的教室在四楼，爱玩的孩子课间会到走廊里溜达，绝不在教室里喧闹。

我们拥有一间安静的教室。孩子们在老师批改作业的时候，在对同学有意见的时候，他们都选择轻轻地走近我，轻轻地跟我说，而不是激动地抗议，或者义愤填膺地指责。

我始终坚信：在教育现场，安静是一种力量。只有当学生静下心来，教育才会有效发生，才会有良好的教学质量、班级风气。

打造一间安静的教室，并非一日之功。然而，若教师坚定执此理念，从自己做起，那么，学生在耳濡目染之下，自然会受到熏陶。

教师要自始至终轻声说话

教师在上课的时候不必用"专门的语调"。有的老师在上课的时候用"专门的语调"，神态、举止都比平时夸张，语调也会更高亢。苏霍姆林斯基说："能够把少年'拴住'在你的思路上，引着他们通过一个个阶梯走向认识，这是教育技巧的一个重要特征。我们认为，兴趣已经激发起来即目的已经达到的标志，就是课堂上出现一种'灵敏的寂静'的气氛：学生们仔细地倾听着每一句话，你可以逐渐地把声音放低，用不着使用那种专门的演讲式的语调对他们说话（顺便插一句：这种调子会很快引起学生的疲劳），而使用人们之间平常交谈的语调。"①这段话给了用和平常说话一样的语调上课的我有力的支持。在我的课堂上，孩子们要听清我说话，就必须安静。我深信苏霍姆林斯基的结论："讲课当中过分地追求激动人心的、鲜明的、形象的东西，会使得少年过度兴奋（喧哗、手舞足蹈），这时教师就不得不提高声音，压倒学生的喧闹声，而这么一来，则使学生更加兴奋。用紧张的、提高声调说出来的话，会使大脑两半球皮层进入某种麻木状态：学生什么也没有听见，这时候教师就非但要大声喊叫，而且有时候还得敲桌子了。"②孩子们发言时，我也不要求他们声音响亮。如果课堂足够安静，即使孩子们的声音不大，教师和其他孩子也都能听清楚。

一开始接班级，孩子们不习惯我的要求，他们会夸张地、一字一顿地、大声地"喊叫"英语单词和课文。我常常提醒他们："我们应该'说'英语——像平时跟同学讲话那样自然地、轻轻地说英语，而不是夸张地'喊'英语。在说英语的国家，很少有人会在说话的时候大声喊叫。我们要习惯轻声说话，无论是在课堂上，还是在课后。"孩子们在课堂上习惯了用不夸张的、正常的音量发言，渐渐养成习惯，课后也能自然而然地放低声音。

教师即使面对突发事件时还是得轻声说话。中小学教师普遍面对的是由几十个孩子组成的班集体，这么多孩子在一起，一个很细微的理由都有可能让他们莫名亢奋。在孩子们普遍躁动的情况下，教师尤其要

①②苏霍姆林斯基．给教师的建议［M］．杜殿坤，编译．北京：教育科学出版社，1984：230，230-231.

坚持正面教导孩子轻声说话。如果教师动辄对着学生拍桌子、大声呵斥乃至歇斯底里的辱骂，孩子永远不可能真正做到静心。那样做不仅达不到真正的教育目的，反而给他们提供了一个反面教材。其实，教师完全可以微笑着安静地等待，也可以把手指竖在唇前，轻声发出“嘘——”，甚至可以开个玩笑：“你们这么夸张，我以为世界末日真的来了。”这些等待、提醒和玩笑话，终究会让孩子们自省，并纠正自己的错误。

无论是否做班主任，在教学中都经常会遇到突发事件。有的学生非常不配合教师的工作，或者屡教不改，或者总是学不会。教师在筋疲力尽、忍无可忍的时候，往往容易出现情绪失控，对着学生大声训斥或者指责。这些都会被学生看到、听到，最后甚至学会。他们会习惯在其他人不合作或者不如自己意的时候大声指责对方，导致吵架，甚至打架。

面对这种情形，教师应避免说出一些指责性特别明确的句子，多用第一人称。比如，把“你又没有写作业，真没有责任心”改成“我现在非常担心，因为你不及时完成作业，我就没办法发现你哪些知识点还没有掌握”。可以不使用毫无意义的反问句，而是使用一些陈述性的句子，以激发学生主动反思。比如，把“你一点都不记得写作业吗”改成“我想你是忘了写作业，我们来想想怎么解决这个问题”……

教师不用大声训斥学生，一样可以达到教育学生的目的。记得有一次，副班主任（一位刚参加工作的数学老师）派学生请我去教室。我一进教室，只见壮实如小老虎的罗同学正气鼓鼓地坐在自己的课桌上，双拳紧握，准备随时出手大闹一场的样子。前因后果我不必细问就大致明白了：大概是副班主任批评了他，他不服气，就坐到课桌上了。副班主任无法劝说他下来，只好请我这个班主任出马。面对这样的情况，我只是轻轻地走过去，一边轻轻地对罗同学说“小罗，我想你现在一定很生气。你跟我来，告诉我你为什么生气”，一边轻轻地去牵他的手。因为我对他的共情，因为我的和颜悦色，他从小老虎瞬间柔化成小猫，乖乖地跟我走，没有半点抵抗。在之后的谈话中，我引导他认识到自己的错误，下课后他也心悦诚服地去跟副班主任道歉了。

教师要坚持正面教导孩子轻声说话

每一个孩子都是独特的生命个体，他们有自己的想法与观点，常常会对教师或者伙伴的言行提出质疑。教师要尊重他们的想法，允许他们表达，并教会他们习惯轻声表达。

讲评试卷前，我会认真地跟学生们说："批试卷的时候，我真的自认为很认真，但还是有可能因为批改得太快而导致批错，我先向被我批错的同学道歉。我在讲评题目的时候，请不要打断我告诉我你的题目被老师批错了。请你稍微等一等，在大家订正的时候你轻轻地走过来跟我说，我给你改分数。"在这段话中，我给予了学生具体的指导——不打断老师的讲评，在大家订正的时候再跟老师反馈，要轻轻地走过来跟老师说话。任何礼仪与行为习惯都是需要具体教的。在这样细致的教导下，学生就会自然而然地养成习惯，不会随便在教师讲评的时候大声说"老师我这道题做对了，你给我批错了"，从而导致教室出现一片哗然。

同样，对学生之间的纠纷，我也一直要求学生："如果你的同学给你改错题目了，说了什么让你不高兴的话，或者做了让你不高兴的事，请你轻轻地走到我身边，轻轻地告诉我，我会帮你解决的。"因此，无论是同学改错单词，还是出现其他纠纷，学生们都习惯在我结束讲评后轻轻地走过来，跟我交流。

与此同时还要教导学生，"别人说话的时候要安静等待，不要打断他人谈话"，从而保障学生有序地找老师谈话，保持教室的安静。

教师要让学生知道：他可以表达；让学生懂得：他要在合适的时候表达；让学生学会：他要轻声表达。长此以往，教师会帮助大多数学生养成习惯，那么教室就自然而然地安静了。

在教室里要省略一些无谓的请示

很多时候，教室里的躁动和喧哗缘自个别孩子的一些请示。

比如，早上迟到的学生在教室门口大声喊“报到”，会吸引部分学生放弃安静地阅读或者写作业，有的甚至趁机跟同学聊天。

再比如，教师正在讲课，或者学生都在安静地阅读或写作业，突然有学生大声请示：“老师，我要上厕所。”“老师，我口渴得厉害，这会儿我可以喝水吗？”

这些请示都会打破教室的安静。其实，学生的很多请示真的可以省略。省略的，不仅仅是一声声请示，更是一个个因请示带来的躁动场景。

在我的班级，早上迟到的孩子，如果我不在讲课，他可以直接坐到自己的座位上去，我会走过去了解情况；如果我在讲课，他会在门口站住，我注意到他后就打手势让他进来，课后再去了解情况。

同样，要上厕所的孩子，如果我在讲课，一般给我打个手势，我点头即可；如果我不在讲课，学生需要上厕所或者喝水，根本不需要请示，只要走动的时候动作小些，不影响他人即可。

教师一如既往地轻声说话，这是最好的教材。教会学生适时地轻声表达，这是对他们一生有益的能力。只有师生都能静心，才能成功打造安静的教室。在一间安静的教室里，师生可以正常、有序且高效地教与学，教师可以轻松自如，学生可以静心敛气，教育才会更加美好。

创建一个有安全感的班级

每天去餐厅的路上，有很多孩子喜欢凑到我身边，跟我说这说那：正在读的书、同学的各种趣闻、家长里短。我听到诸如“我爸爸素质提高一些了，现在很少讲脏话了”的评价，“我妈妈怀孕了我只告诉你”的秘密……走向餐厅的这一小段时间，孩子就该享受快乐，这样才能更愉快地进餐，从而更好地成长。

这天吃午餐的时候，我对同桌的男生沛同学说：“今天在英语课上你一次也没有举手发言，但是我看到了你整节课都非常认真地听。你一直看着我，齐读的时候很认真，别的同学发言的时候你也在轻轻地读。”他很高兴地说：“是这样的！”我继续说：“上课发言可以让老师听清楚你的发音是否准确。如果发音不准确，老师可以当场帮你纠正。你愿意今后在英语课上多举手发言吗？”他笑着回答：“好的，老师。”

预备铃响起的时候，我准时到达教室，看见小胖墩儿亮同学正手忙脚乱地拿着拖把拖地。孩子们告诉我：“亮带了饮料，不小心打翻啦！”我微笑着说：“老师可反对大家喝饮料了，因为饮料不利于身体健康。亮，我特别建议你只喝白开水，因为饮料里有很多糖分，会让你更胖的。”亮有些窘迫，孩子们哈哈大笑。我继续说：“不过亮做得很棒！他打翻饮料瓶，我相信他不是故意的。我们不小心做错事情是很正常的，做错了事情要尽快弥补。亮已经找来拖把拖地，我觉得他勇于承担责任，及时解决问题，这些行为都非常棒！”亮有些释然地笑了。

孩子们上课没有举手发言不会被老师指责，打翻饮料瓶不会被老师批评……这样“不会”的次数多了，孩子们内心就会充满安全感。

也正是有了安全感，他们才会围着我这个班主任说东道西。

班级是孩子们在校期间最主要的栖身之地，是他们健康成长最重要的地方。教师——尤其是班主任，有责任构建一个让学生有安全感的班级，这样学生即便烦恼、哭泣，也没有恐惧。

莫用管理替代教育的职能

如今很多有关班主任工作的著作出版并广为流传，书中出现频率较高的词或许就是“班级管理”，甚至是“兵法”。这些词的寓意，都在预设学生是需要被控制的甚至是被对付、被征服的对象。有的班主任会先制定各种操作性极强的班规，然后按照班规对学生扣分。行为礼仪、课堂纪律、文明就餐……学校怎么考评班级，班主任就怎么考评学生。于是，每周五的扣分汇总时间简直就如批斗现场，一个个淘气分子轮流被班主任批评、惩罚。

班级不是“车间”，容纳的不是“产品”，而是活生生的生命个体。产品质量有具体的标准可循，为了生产出优质的产品，的确需要严格管理各个生产步骤；而生命个体的成长是缓慢而漫长的过程，且不完全同步，不能用简单的、一刀切的评价方式来“管理”。孩子们需要的不是预防犯错、预防违规的各种限制性的“管理”，而是促进他们身心健康成长的各种教育。

美国优秀教师罗恩·克拉克的“55 条班规”全都是具体的行为习惯的指导；而传奇教师雷夫·艾斯奎斯的“道德发展六阶段”引领的是学生终其一生努力的方向；苏明进老师的“希望教室”里则注重具体教孩子“一生最受用的 36 种能力”……这些教师对学生的指导与引领，对学生能力的培养，不是基于他们对班级整体的控制，而是针对学生个体的教育。

在我们班，没有“不准……否则扣分”的管理，只有“应该……才合适”的教育。“在合适的时间做合适的事”是我们班的行为准则。要对自己的学业负责，认真听课并完成作业；自习时间安静地阅读或写作业，注意不打扰他人；行走的时候一定要靠右，手不要碰到其他小朋友的身体，保护自己及他人的安全；就餐的时候尽量少说话，要把饭菜咽下去以后再说话，而且要轻声；走廊、餐厅、图书馆不是奔跑的场所，要慢慢走，以免自己摔倒或撞到他人……这一切具体的细节要求，只是为了保护学生的安全，为了让学生成为一个有修养的、受人欢迎并被尊重的人。

莫让学生受到同伴的欺凌

受同伴欺凌是很多孩子的噩梦。有的来自班干部理直气壮的“管理”，有的来自顽劣同伴的恶意欺凌。不管孩子因为什么而感到害怕，教师都必须认真对待。

我刻意不设立班干部，尽量让“干部”这个词不出现在学生们的世界里。同学之间可以礼貌地互相指出对方存在的问题，但是没有学生可以高高在上地以“干部”身份去“管理”其他同学。有时间、有能力、有兴趣的学生可以在老师需要的时候申请帮忙，或者申请为同学们服务。

我重视并保护每一个孩子的内心感受。“如果有同学让你感到不舒服、不高兴了，请告诉我，我会帮助你。”——这是我一贯的声明。孩子们经常向我表达自己的各种感受，我都会先表达我的共情：“他的这句话或这个眼神或这个动作让你不高兴了，我能够理解你的感受。我会找他谈话的。”然后了解具体的情况，再分别找学生谈话。我还会及时回访：“是不是其实只是个误会啊？解开了误会是不是不烦恼了？”“你对他的道歉满意吗？”“他向你道歉了，并保证下次再也不这样做了，这样让你心里好过些了吗？”……

教师应该从孩子的角度去认识世界，诸如“别放在心上”“别在意”“你自己勇敢点”这些话只会贬低孩子，也只会让他们把成长中的恐惧深埋在心里。

莫让学生害怕犯错

英国学生行为管理专家阿兰·斯蒂尔爵士曾经说："童年是一个人不断犯错，并从错误中不断学习的时期。"

所以，我会反复教导孩子们："别害怕犯错误。每一个人都会犯错误，有的人是无意间犯错误，有的人是一开始自以为做的事或说的话是对的，但结果却证明是错的。犯错误不可怕，重要的是做错了事情要敢于承认，要勇于承担责任，然后尽快解决这个错误带来的问题。当然，同样的错误不能犯两次。因为，你应该在第一次犯错误之后吸取教训。"

长此以往，孩子们便不会再恐惧犯错，而是正视错误，并积极解决问题。

小胖墩儿亮同学在打翻饮料瓶后知道去找拖把拖地，并把拖把洗干净放在走廊里晒干后再收进教室。他不用因为担心被老师斥责而乱找借口——"是谁谁谁撞到了我，我才会把饮料瓶打翻的"。

吴同学不小心用羽毛球拍打到了亮同学的眼睛。他立刻道歉，并护送亮同学到校医处检查。事后还主动告诉我，如果亮同学需要去医院看病，他会让爸爸妈妈承担医药费。

明同学在走廊里玩的时候，不小心踢碎了消火栓箱的玻璃。他首先扫掉玻璃碎片，然后去找学校总务处说明情况并道歉，同时请总务处老师及时安装新的玻璃，并询问需要赔偿多少钱，表示第二天会交到总务处。

这些事都发生在孩子们上四年级的时候，并且都是事后他们主动告诉我我才知道的。

对孩子而言，违反各种规定、担忧被同伴欺凌、突然的家庭变故、自己知道犯错了但不确定会受到大人怎样的惩罚……都会让孩子胆战心惊。日复一日地生活在恐惧之中，孩子会渐渐失去自信和安全感。恐惧会破坏孩子成长和发展所需要的安定环境，使他们持续地感到忧虑，从而不能采取适当的态度面对他人和新的环境。

美国心理学家罗杰斯认为，成功的教育依赖于一种真诚的理解和信任的师生关系，依赖于一种和谐安全的课堂气氛。安全感是人的基本心理需要，如果学生缺失了这种心理需要，会严重影响他们的正常成长。班级应该是学生深感安全、自觉快乐的地方，而不是受恐吓、受欺负、被一套模式或制度强迫着去适应的地方。

营造班级的阅读氛围

秋游那天，我依然早早地走进教室。有一些孩子比我还早到教室，他们中的大多数人在座位上安静地阅读，个别孩子因为要秋游而没带书，明显表现出无聊而懊恼的情绪，但是并不闹腾。看着那几张懊恼的小脸，我自责：头天放学的时候忘了提醒一声。随后陆陆续续有孩子进教室，几乎都习惯性地从书包里取出书阅读——即便是秋游当天，在等候旅行社的大巴时，大多数孩子依然习惯性地静心阅读，这真是无比曼妙的一道风景。

教室的后面有书柜，按学校的要求中规中矩地张贴着“图书角”三个字。图书角里只有一些杂志。为了避免孩子找书、换书比看书花的时间更多，或者聚在图书角聊天，我并不鼓励孩子们自己带书放在图书角。我会敦促每个孩子每天带书到学校，也鼓励他们互相交换书看。偶尔有孩子忘了带书，他会主动跟我申请去图书角找本杂志看。

比如今天就陆续有孩子轻轻地走到我身边，轻声地说：“老师，我去拿杂志看啊！”我报之以愧疚的微笑：“对不起啊，昨天忘了提醒你！”

我坐在窗前的一张小桌子前，也安静地阅读。在这张桌子上，除了堆放学生的作业本，也始终放着我经常阅读的杂志或书。课后经常有孩子好奇地去翻阅“老师看的书”。哪怕在教室里有一丁半点我可以自由处理的时间，我也会用来阅读。

自然，我在阅读的时候，孩子们都会看到——我也愿意他们看到。我愿意他们看到，一个不遗余力敦促他们阅读的老师，自己也是一个爱阅读的人；我愿意孩子们看到一个心口如一、言行一致的成年人的范本。

我不是语文老师，但我始终相信阅读能带给孩子们力量。苏霍姆林斯基说："30 年的经验使我深信，学生的智力发展取决于良好的阅读能力。一个能够在阅读的同时进行思考的学生，比起不掌握这种乍看起来很简单的迅速阅读能力的学生来，就显得能够更迅速、更顺利地应付任何作业。"[①]

如何培养学生的阅读习惯与阅读能力？空泛的"激发兴趣"的口号不能解决问题，"让孩子多看书"这样空洞的要求，会让有些孩子的家长觉得不具备可操作性（在苏州工业园区这么特殊的地方——班上的孩子来自全国各地，一半以上的孩子在读一年级之前是农村留守儿童，三分之一以上的孩子父母学历低，工作很辛苦）。身为班主任，工作需要做得更具体，而不能仅仅停留在"一声令下"。

每天在固定时间陪伴学生阅读

威尔·鲍温在《不抱怨的世界》里这么说："我曾在一本书上看过，母鸡要花二十一天才能孵好蛋；反讽的是，人也要经过二十一天，才能将一项新的行为培养成习惯。"[②]对此我深深认同。为此，我坚持每天早上早早进教室，与学生一起阅读，至少半个小时。

学校有规定，晨会课开始前，正、副班主任轮流值班。一般情况下，正班主任值三天班，副班主任值两天班。我和副班主任商量，我来代劳她需要值班的两个早晨。我希望新接手的班级，学生能从一开学就进入稳定、有序的阅读状态。

我每天一般在 7 点 15 分前进入教室，在黑板上写上一行字："安静阅读哦！"并在感叹号后面画一个笑脸。然后，我坐在小桌子前，面向

①苏霍姆林斯基．给教师的建议［M］．杜殿坤，编译．北京：教育科学出版社，1984：10.
②鲍温．不抱怨的世界［M］．陈敬旻，译．西安：陕西师范大学出版社，2009：22.

全体孩子的座位，安静地阅读。我事先提醒过孩子们，进教室的时候不需要向安静阅读的老师问好。每一个走进教室的孩子看到黑板上的那行字、那个笑脸和安静阅读的老师，都会自然而然地轻轻落座，轻轻地打开书，安静地阅读。

在黑板上写那行字，我整整坚持了两个月。每周两次的英语早读，从我当班主任以来，从不用来组织读英语，而是留给师生各自安静阅读。整整一个学期，我坚持不用这段时间在教室里批改作业或者找学生订正错误。一切都是为了不打扰孩子们阅读，保证他们每天早上有半个小时到一个小时的阅读时间。

渐渐地，小声讲话、东张西望的孩子越来越少，越来越多的孩子开始养成阅读的习惯。为了鼓励爱看书的孩子，在每天午餐前 20 分钟的英语自习课上，只要孩子能完成默写，我就允许他们阅读。渐渐地，不需要我提醒或者鼓励，孩子们在英语课上写完作业后就会拿出书来看，或者在英语测验完成后（还没下课）就阅读他们喜爱的书——孩子们一定觉得这是再自然不过的事情了。

好习惯始终需要引导

好习惯不是通过批评、指责去强迫达成的。一开始的时候（三年级），每天始终有孩子在早读时间不看书，后来教室里非常安静，他们也不好意思闹腾，但就是在座位上无所事事。有的没精打采地趴着，也有的自得其乐地把玩学习用品，或者和同桌讲悄悄话。遇到这些孩子，我始终不直接去批评，而是天天表扬那些看书多的孩子。我会热情洋溢地表达我对看书多的孩子的赞美：

“哇，你好了不起啊！昨天才看到 17 页，今天已经看到 37 页啦！”

“天哪！你这本书好厚啊！有 300 多页！”

“这本书我也看过！我超级喜欢！你呢？”

“老师昨天忙，才看了 20 页，你都看 30 页了。太厉害啦！”

这些赞美天天在教室里飘荡，飘呀飘就飘到那些不爱看书的孩子耳朵里、心里了。渐渐地，他们也会拿出书来看了。只要这些孩子拿出书来看，我一定及时关注到，并积极跟他们对话：

“这本书非常好看，你爸爸妈妈真会选！”

“我来看看你今天读到第几页了，明天我再来看你读到第几页啊！”

“我喜欢你读的这本书，看完后可以借给我看看吗？”……

这样，不习惯看书的孩子越来越少。但是，班上有好几个孩子，早上还是会在教室里发呆或者讲话，并“坚持”了整整一个学期。我绝不会为此去呵斥他们。最多“不怀好意”地挤对他们：“××× 这个星期读了 5 本书啦！你读了几本了啊？”终于，这些“顽固分子”也慢慢地开始自主阅读了，尤其是那个淘气的浩，原来别人看书的时候他讲话，现在只要遇到不爱听的课他就偷偷看书，令我哭笑不得。一年多下来，班上还有两个孩子没有养成自主阅读的习惯。对这样的孩子，我始终愿意抱持一颗等待的心，期待他们蒙昧的心灵早一些闻到书的芬芳。

联合家长的力量

为了更好地为孩子营造阅读氛围，更好地敦促孩子读书，教师应与家长联合起来。孩子在家的时间远远超过在校时间，教师要用心让家长重视孩子的阅读，从而保障他们在家也能静心阅读。

起初，我会整理一份符合孩子年龄特点的推荐书目，不仅会把书目张贴在教室里，还会逐一跟孩子们介绍那些书，并把书目发在班级公共邮箱里，推荐给家长。

每到周末，我都会发短信请家长带孩子去书店或图书馆。第一次发短信时还会注明交通路线（很多家长是新苏州人，对交通不熟悉）。

我也会时不时地提醒家长注意孩子书包里是否备有要带到学校看的书（至少一本），有没有已经看完了却忘了更换的书——有几次有孩子忘了更换，懊恼了一整天。

我注意到各个邻里中心（这是苏州工业园区借鉴新加坡公共管理经验创造的一种新颖的社区服务形态，涵盖了人们日常生活所需的商业和社会服务设施）都有图书馆分馆，及时告诉家长，请他们带孩子就近借书。

遇到有意思的小书店，我会把具体地址发给家长，建议他们周末带孩子也去看看。

在网上看到儿童读物打折的信息时，我会把信息发给家长，建议他们给孩子买。

我还经常通过短信或者家长会来强调阅读以及亲子阅读对儿童的意义，呼吁家长让孩子尽量远离电子游戏、网络游戏。

在家长询问孩子的在校表现时，我不仅会答复孩子上课、做作业的情况，更会强调阅读情况，借此引起家长对孩子阅读的重视。

在家长向我求助“我家孩子就是不爱看书，怎么办”的时候，我会给出明确的建议：“每天陪孩子阅读半小时。可以请孩子朗读给爸妈听，也可以是爸妈给孩子诵读。坚持 21 天后，相信情况一定会有改善。”

苏霍姆林斯基还说：“实践证明，如果阅读对于学生成为通往知识世界的一个最重要的窗口，那就没有必要花费许多时间给学生补课了。”① 一个孩子，如果养成了良好的自主阅读的习惯，他的阅读与思考的能力一定会随之提高。在一个班级中，如果绝大多数的孩子有自主阅读的习惯，那么，班级整体一定会具有浓郁的书香气息。在这样的氛围中，师生一定可以共同幸福地成长。

---

①苏霍姆林斯基．给教师的建议［M］．杜殿坤，编译．北京：教育科学出版社，1984：11.

缔造学生珍爱的家园

我有时候不免会想："班级"是班主任塑造并掌控的一个容器吗？孩子们只是这个容器中的填充物吗？

我总觉得，"班级"其实只该属于孩子们自己。他们互为同学，一起学习，一起活动，一起成长，彼此分享喜悦与悲伤。而班主任，终究只是个旁观者，只能陪伴他们，至多引领他们。

我愿意自己做"班级"的旁观者，喜欢看到孩子们在自己的班级里有安全感，且心灵自在，彼此亲厚。当我获悉部分孩子自发去向校长提出"升入初中部后不要分班"的申请之后，我很欣慰。因为，我真正看见，"班级"已然成为孩子们自己留恋并珍惜的家园。而缔造这样的家园，绝非一日之功，需要在平时的小事件、小活动中慢慢形塑。

圣诞狂欢——模糊性别界限

孩子们升入高年级后，渐渐出现男、女生分开活动的现象。他们有了性别意识，或许更有了青春期前期的羞怯心理。异性同学，其实彼此好奇，却又不好意思靠近。如果班主任不及时介入，我担心孩子们会在很长一段时间里与异性同学进入"伪交往"状态，这无益于他们平稳过渡到青春期。

12 月，校园里圣诞节的气息越来越浓郁，班上的孩子们也越来越亢奋，他们开始热衷于装扮教室。门窗上早已色彩斑斓，教室前后大大小小共 5 棵圣诞树上各式礼物琳琅满目。手巧的孩子还找来各种废旧的纸盒子，再用彩纸装饰好堆在圣诞树下，极其别致。

仅仅是装扮教室，显然不能满足孩子们的情感需要。学校“英语节”里组织的那些活动——制作英语卡片、英语单词竞赛，等等，估计还是满足不了他们。

于是，我提了个建议：在圣诞节当天的英语课上开一次圣诞派对。这个提议得到了孩子们无比热烈的回应，他们一致同意。

活动由孩子们自行组织，我只提了一个小建议：每个孩子都要参与表演一个节目，可以与同学自由组合。大家也很痛快地接受了我的建议，纷纷开始自由组合。不过我做了补充声明：“圣诞节那天，我会买很多糖果过来，但是糖果只分给那些有男、女生合作表演节目的团队。”全班孩子哗然！我继续说：“为了吃到老师买的糖果，要赶紧去找异性同学合作哦！”这招极其有效。几天下来，我不断听到各种女孩“抢”男孩合作的故事。

闹腾了几天后，男、女生合作的小组基本确定——不过还有顽固的“四侠客”组合（全男生）坚定抱团抵御女生的邀请，我也就随他们。各个小组都取了极其别致的名字，每天还神神秘秘地躲着其他组的同学分头排练节目。

圣诞节前夕，我去超市买了 35 顶小红帽，又买了几大包各种口味的糖果。圣诞节当天，我们班同学齐刷刷地戴上小红帽出现在学校英语节的开幕式上，毫无悬念地成为焦点，孩子们无比兴奋。我履行约定：上午的英语课及 20 分钟的英语自习课，给孩子们开派对。可想而知，圣诞节成了孩子们的狂欢节。他们合作演出的节目精彩得令我吃惊！有小品，有朗诵，有合唱，甚至有男生领舞的《江南 style》！我尤其感到欣慰的是：男、女生合作表演节目的团队，不仅节目质量出色，彼此之间也亲厚如手足，在异性同学面前不再别扭与不自然。最后，我将糖果的分发规则稍作调整：每个孩子都能得到老师买的糖果，而男、女生合作表演节目的团队则能得到双倍的糖果。

圣诞狂欢之后，男、女生间的交往越来越自然。大家对关系比较亲厚的男、女生同学也不会有任何的大惊小怪。这些孩子对性别意识还比较模糊，他们相处如自家手足，会一起玩，也会吵闹。

爱心馈赠——传递美好情感

要关爱他人，教师常常会对孩子们提出这样的要求。但是，真到事情发生的时候，在很多情况下，很多人会选择缄默，怕承担责任或者引来不必要的麻烦。长此以往，孩子们是否会对别人的不幸、痛苦变得越来越漠然？

圣诞节那天早上，我跟孩子们提起中年级某班周同学的情况。这个孩子家里情况比较特殊，他得不到妥当的照顾。冬天的早晨很冷，周同学居然只穿了一件薄薄的秋衣来上学，没穿毛衣，更没有穿外套。我在早上行政值班的时候发现了他的情况，及时地把他带到办公室取暖。我把自己平时放在办公室的羽绒短背心给他穿上，又让班主任联系他的家长送外套过来。因为察觉到他还没有吃早饭，我发动身边有早点的同事把早点给他吃（学校餐厅提供教师早餐，有的同事会把其中的点心带回办公室），又给他倒好开水。结果他的家人只送来一件薄薄的外套，根本不能抵御风寒。我让他把我的羽绒背心穿在他的外套外面，勉强可以保暖。

我对孩子们说：“今天，我们会度过一个非常愉快的圣诞节。同学们将互相交换礼物，爸爸妈妈和老师也给你们准备了好吃的零食。可是，我们身边却有一个小同学，每天都是又冷又饿地来学校，老师看着真是心疼。或许我们可以想一想，可以为这个小同学做些什么。”

圣诞派对结束后，一个孩子问我：“老师，我可以把自己得到的糖果送给那个周同学吗？”我很意外。得到老师的糖果，也是她自己无比期待与激动的事，她居然肯送给别人？我同意并赞扬了她。没想到，她的行为引起了连锁反应，孩子们纷纷去给周同学送礼物。有送自己得到的糖果的，也有送在派对的“交换礼物”环节中得到的礼物的，还有送学习用品的。最后，我不得不给周同学送去一个大大的袋子，用来装我们班的哥哥姐姐送给他的各种礼物。

馈赠行动结束，等孩子们回到教室安静入座的时候，我认真地向他们表达我的欣赏与赞美。一个胖胖的大个子孩子跟我说："老师，虽然我今天一颗糖果也没吃到，都送给了周同学，但不知道怎么回事，心里特别高兴。"我微笑着说："那是你享受了'给予'的快乐啊！'得到'是一件快乐的事，'给予'是一件更快乐的事，对吧？希望大家以后都能在自己的能力范围内，多多向身边的人输出关爱，你将得到更多的快乐与幸福。"

因为这样的快乐与幸福，孩子们对周同学的关爱行为在第二天继续：有送衣服的，有送食物的，还有一个孩子省下自己一个月的零花钱给周同学买早点吃。看着孩子们动人的举动，我由衷地感到欣慰。

"向需要帮助的人伸出关爱之手"，如果这能养成习惯，他们会给身边的人带来更多温暖，那么，跟自己班级中的伙伴也会更加亲厚。这些伙伴聚集而成的集体——班级，才更有可能成为他们互相守望的家园。

安排座位——遵守规则与尊重感情

在集体中生活，孩子们必须懂得的概念是：遵守规则、公平第一。只有经历过各种真实、具体的事件，才有可能真正地理解、内化这些概念。

六年级下学期伊始，又该排座位了。教室是孩子们每天就座的地方，他们的个人喜好很重要。但是，一切都不该绕过规则——按照身高排座位。在这一前提下，很多个人的喜好、感情，都可以酌情考虑。

我让孩子们在走廊里从矮到高分男、女生两组排好。然后，先让三个个子最矮的女生进教室，分别选三个小组的第一张课桌。可是，女生琦却申请："老师，请让我坐第二排吧。小学六年来，一直坐在第一排，请让我体验一下不坐第一排的感觉吧。"这个理由的确清新，可以照顾——最主要的是，接下来三位女生的身高比第一批的三位女生高不了多少，不会影响视线。

接着我请三位个子最矮的男生进教室，并做了说明：“三个女生已经落座，请你们自己过去选同桌入座。选同桌考虑的第一因素是：尽量选一个之前从未和你做过同桌的女生。”我希望孩子们有更多亲密的“同桌的你”。三个男生各自告诉我跟哪位女生没有做过同桌，然后彼此商量一下也都入座了。

可是，又出现了一个状况。淘不肯坐第一排，坚持要跟第二排的琦做同桌。我一开始劝他：“你个子不高，还是坐第一排吧。”他涨红了脸，坚决不答应。我有些纳闷，转念之间想起，琦是他最喜欢的女生，他之前没有机会跟琦同桌，这一次我就成全了淘。

接下来排座位基本也遵循这样的原则——先按身高，再考虑学生的情感。

这样的小插曲，彰显的不仅是规则，更有人情。在这样的小事件中，孩子们越来越懂得先遵守规则，然后满足自己的期待与愿望，我喜欢他们这样的举动。

其实，这两年间，我和孩子们曾在学校德育处的统一安排下举行过多次重大的主题活动。但是，留在我和孩子们心头的却是那些不起眼的小事件、小活动。诸多的教育现场，其实就构成了孩子们的校园生活。生活与教育息息相关。而孩子们也在一次次的小事件、小活动中得以成长，变得更美好。

重视教室里的仪式感

生活中有各种庆典。

比如婚礼。从法律的角度来讲，一对男女领了一纸婚书，就意味着结为合法夫妻。然而，大多数人还是会举行一场婚礼。婚礼的意义，就在于夫妻昭告世人与自我警示：从此我们走入婚姻，要爱护伴侣以及维护新组建的小家庭。

比如过生日。对孩子而言，每过一次生日，“自己又长大一岁”的观念更加明晰。大人给孩子过生日的意义，就在于提醒他们：从此要更加懂事、更加明理。

学校里也有各种大型活动。比如，7 岁时的入学仪式、10 岁时的成长仪式、14 岁时的青春仪式、18 岁时的成人仪式以及各个阶段的毕业典礼。通过一系列的活动和仪式，学校帮助一个刚接触校园生活的孩子，逐渐成长为能够担当社会责任的守法公民。

无论是庆典还是大型活动，都在呈现一种仪式感。仪式感，让每一个值得庆祝的日子变得更加闪亮。体验过某种仪式感的人，在某种程度上对之后的生活会持更加审慎的态度。比如，举行过婚礼的夫妻，可能更明确自己从此已经成家，更愿意主动承担婚姻内的责任；参加过成人仪式的孩子，可能会更确定自己从此已经成年，要对自己的行为更有担当。

但是，仪式感不一定只有在重要的时刻才值得体验。其实，在教室里的日常学习活动中，也需要一定的仪式感。孩子会在教室里的诸多仪式中，慢慢习得礼仪规范，懂得遵守公共秩序与纪律，学会自律，体验一次又一次的成功。

重视入校的仪式，让学生礼敬校园

学校应该是让孩子从蒙昧走向理性的摇篮。孩子从踏入校门的那一刻开始，参加适当的仪式可以更明确：学校不是跟家一样的地方，不是可以任性胡闹的地方，更不是可以耍泼撒野的地方。

在英美等国，小学生早上到校后只能在操场上自由活动——操场上有专职的操场助理。到了九点，教室的门才被打开，孩子们排成队，依次进入教室。教师站在门口，跟每一个孩子郑重地问好。在这样慎重地被教师迎接进入教室后，大多数孩子能自动静心敛气地开始一天的学习。

轮到我站校门口做护导的早上，我必然跟每一个到校的孩子依次问候："早上好！"而且，微微鞠躬或者轻轻点头。即使在不担任护导的早晨，在走廊、楼梯上遇到来上学的孩子，我也必定跟每一个照面的孩子问好。

在自己的班级，我会更加注重师生间早安的仪式。大多数小朋友经过一段时间的教导，每天进入教室时会主动问候："老师早上好！"我也会有礼貌地答复。可是，总有个别小朋友，因为性格腼腆，或者粗枝大叶，进教室后不声不响地直接落座。在这种情况下，我总是会微笑地先说："某某小朋友，早上好！"这样的暗示很有效，大多数孩子会马上答复："老师早上好！"并且从第二天开始，渐渐能够主动问好。

即便性格再顽劣的孩子，只要他想到自己早上进入学校、班级的时候，曾经被教师那样郑重地对待过，他就有可能收敛自己的若干不当行为。

重视开始上课的仪式，让学生尊重课堂

我们除了每天上一节英语课之外，一周还上两次英语自习课。这个自习课，教师一般用来组织学生默写单词，或者讲解练习册。即使是上

这样的短课，我每次进教室后，都会郑重地发出指令：“上课。”学生随后全体起立。

我要求每一个孩子都站姿端正，眼睛注视我。只要有一个孩子没有做到，我都会耐心等待并提示：“某某同学，我和同学们正在等你准备好，准备好了就上课。”在全班孩子都安静地站好后，我会深深地鞠躬——没有 90 度的话，80 度肯定是有的——Good morning/afternoon（早上好或下午好），孩子们也会还以鞠躬，并回应。当然，一开始也会遇到个别调皮鬼，他们根本不好好鞠躬，也不好好问好。每次我都会提醒他们：“我是一个成年人，我很尊重你们。每一次问好，我都会认真地鞠躬。你们要有礼貌地回应，要让自己配得上他人的尊重。”在这样温和的坚持下，有了这样隆重的上课仪式，孩子们在我的课堂上会渐渐静心，学习起来就日益专注。

也曾看到过与这完全相反的上课伊始的场景。常常是教师直奔主题：“现在把练习册翻到第 40 页，今天这节课我们讲评这页的题。”没有师生问好的仪式，学生们不会很好地从散漫的下课模式转换到应该集中注意力的上课模式。长此以往，学生必然会轻慢这门功课，轻慢这门学科的课堂，甚至，渐渐轻慢这个教师。而当教师发现自己已完全不能让学生们信服，课堂纪律一团糟的时候，是否想过自己该承担多少责任？

重视收全作业的仪式，让学生敬畏作业

看到过寒、暑假过后某些教室里堆放着寒假作业本或者暑假作业本，可能还有手抄报、日记本等，乱七八糟，一堆就是好几个月。

乱堆作业本的老师，大概真的没有意识到自己的这个行为向孩子们传递了什么信息。但是孩子能够准确地获悉并解读：寒、暑假作业做不做都无所谓，老师反正不看。次数多了，他们会渐渐对这个老师布置的作业开始怠慢。到最后，就有可能出现这样一个怪圈：老师疲于催交作

业，而学生却始终有着“百催不挠”的淡定与从容。

对每一次布置的作业，教师首先自己要慎重对待。我布置的作业从来不多，但是，但凡我布置的作业，我一定要求收全。一旦出现有孩子因为各种原因忘带或者没写的情况，我会给予一定时间以供他们补交或者补写。在收全作业本后，我会对全班孩子做出简短的评价。比如，谁的作业这次特别优秀，谁的作业有创意，谁的作业有进步……对寒假作业、暑假作业、手抄报这样的作业，我会选取几份比较优秀的在班级中及时展出，其他的整理好后带到办公室去。

教师只有重视自己给学生布置的作业，并且通过各种仪式让学生知道你对收全作业的重视态度，他们才会重视你布置的作业，并及时去完成。

重视颁奖仪式，让学生体验成功

在教室里，教师会向学生颁发各种证书：有的是校级荣誉证书，有的是各级各类竞赛的获奖证书，甚至，还有教师自己制作的小奖状，用来奖励学科成绩优秀或者有进步的学生。

有时候，累积待发的奖状太多，有的教师会指定几个学生在教室里巡回发放。这样的颁奖形式，其实真的只是给学生发了一张小纸片，学生没有被赞美与被肯定的体验。

如果有孩子的奖状，我必然会选一个时间，让全班孩子安静下来，然后才开始讲述这份奖状的内涵，并逐一请孩子到讲台边领取奖状。所有的奖状都很轻巧，有的甚至比普通明信片还小一半，我都会双手递过去，也要求孩子双手接。我告诉孩子们：这是最基本的礼节，表达了对他人的尊重。我甚至提醒他们：以后工作了，跟他人交换名片的时候，也要注意双手递、接名片。

我会对每一个上来领奖状的小朋友说：“祝贺你！”他们会回答：“谢谢老师。”我还会加一句：“不用谢。”如果学生的奖状一次有二三十张，我会不厌其烦地重复“祝贺你”和“不用谢”。在如此隆重的颁奖仪式中，学生被赞美与被肯定的优点、强项或者进步才会被强化，他们才会更加自信，体验更多成功的感觉。

记得《小王子》中有一个细节。狐狸说：“仪式会让某一天与其他日子截然不同，仪式会使某一时刻与其他时刻截然两样。”[①]

教室里具体的仪式带来的仪式感，能够给身处其中的孩子们带来强烈的暗示，帮助他们理解学校与家是有区别的，上课与下课的状态应该是不同的，老师合理布置的作业是需要认真对待的，自己取得的微小进步与成功都是值得珍爱的。

一定的仪式感，也会敦促孩子对学校、教师、课堂、作业持有基本的敬畏感。他们也会因此不断提升自己的专注力，并逐渐获得更多的进步与成功。

---

①圣埃克苏佩里．小王子［M］．冯瑞贞，译．长沙：湖南文艺出版社，2011：126.

培养学生轻言细语的习惯

这天，我经过一间低年级的教室，孩子们在井然有序地做数学早读，快速地答出老师手里不断变化的口算卡，声音听起来精神极了。当我远远离开后，那高亢的声音依旧如在耳际。一次响亮的抢答，是很有精神；十分钟这样响亮地早读，孩子们的嗓子不会累吗？声音一定要这么响亮吗？为什么在我们的课堂上一定要培养孩子们“声音响亮地回答问题”？一个“声音响亮地回答问题”的孩子才是自信的孩子？一个声线低柔的孩子就一定底气不足？

行走到最后一幢教学楼，从最前面教学楼里传出孩子们吟诵古诗的声音仍清晰可闻。这是吟诵还是叫喊？那么声嘶力竭。

在英国小学的课堂上，永远听不到老师提出 Loudly（大声点）的要求。孩子们都非常轻柔地读书、提问、回答。没有整班性的齐读，没有书声琅琅，随处可闻安静、轻柔的话语。最可爱的是他们的一个经典动作：当教室里声音过大的时候，老师总是将食指竖在唇前：“嘘——”老师永远不会大声呵斥：“静下来！”孩子们永远不会“管理”别的同学：“别吵了！”

这一招，我已经学得很好了。游学归来后，我渐渐地将这个动作引入课堂。不再说 Please be quiet（请安静），而是微笑着凝视仍在讲话的孩子们，示意“嘘——”，孩子们常常报以一笑，静心，凝神，开始倾听。

我的嗓音一贯低柔，平时如此，上课时也没有专门的语调。孩子们在我的课堂上习惯安静听讲，轻声发言。我会注意观察孩子们发言时的眼神是否清亮，举止是否局促——以此来判断一个孩子是否自信，是否需要更多的鼓励，而不是因为他的声音是否响亮。

我常常这样要求孩子们："老师要求齐读的时候，请你一定要读出声音来。英语首先是一门语言，你不能默读，但是你只要轻轻地读，自己能听到就可以了，要注意保护自己的嗓子。"

去年冬天，外出听了一节市级公开课。寒冷的天气，丝毫没有冷冻孩子们天生的热情。他们读，他们念，井井有条，可爱极了。齐读时，孩子们格外投入。说"格外"，是因为声音太响亮了，响亮到刺耳、尖锐。

坐在书声琅琅的课堂里，不禁想起自己小学一年级期末复习时高声朗读课文导致失声的往事。这么多年过去了，不变的是：我们的孩子，还是从小就被教导上课要大声朗读，大声回答问题。

在那节市级公开课上，孩子们高亢的读书声深深地刺激了我。听课的其他老师也在轻轻议论那个声音最响亮的孩子。他坐在最后一排，从头到尾，那么专注地倾听，那么大声地朗读，一遍又一遍。

我心疼他的嗓子，也担心他这样做的后果。他也和当年的我一样，沉醉于老师的一次次表扬中吗？

课结束了，我犹豫了一下，来到那个孩子旁边这样说："这位同学，你上英语课的表现好极了。老师对你印象也深刻极了。老师想，你一定很喜欢英语吧？"

他有些拘谨，但还是面露微笑。边上有几个孩子开始围过来。

"你可以告诉我你的名字吗？我想记住你的名字，因为你的英语读得那么好！"

孩子们纷纷告诉我他的名字。

我打开笔记本，请他慎重地写下他的名字——孙琦。

"琦，是美玉的意思哦！你的名字真好听。"我顺手写下一个"沈"字给他看，"老师姓沈，真高兴认识一个喜欢英语的孩子。"

然后，我很随意地对他说："可是，老师有些担心你的嗓子呢。你现在十二三岁，正是长身体的年纪，要特别保护好自己的嗓子。过于大声地说话会伤害到嗓子的。以后，试试轻声朗读，好吗？”

他抬头看着我，明朗地微笑起来：“好的，老师。”

好的，孩子。希望你能够记得有个客人老师姓沈，她曾有一天表扬你英语读得好，为了保护你的嗓子，她要求你以后轻声读课文。

你会记得吗？你会理解吗？老师这样兜兜转转，只想告诉你：

“轻点声，孩子！”

培养学生良好的交际能力

一年级小朋友刚入学的时候，连排队都是个问题。新同学彼此不认识，要记住自己在队伍中的位置，有些难度。好不容易找到位置，可是又有可能发现留给自己的空间太小，情急之下，就免不了动手去推同学，从而引起各种纠纷。

中年段的班级同学之间虽然彼此熟悉，矛盾也是层出不穷。他们经常到老师面前投诉，都振振有词。老师常常花费大量的时间与精力去调查、去调解，有时候真有疲于应对的感觉。

而到了小学高年段，孩子们陆续进入青春期前期。他们的发展却又极不平衡。有的孩子不加掩饰地和喜欢的异性同学一起玩，而有的孩子则见了异性同学会格外木讷。

作家张晓风在散文《我交给你们一个孩子》中向世界发出询问："今天早晨，我，一个母亲，向你交出她可爱的小男孩，而你们将还我一个怎样的人呢？"而这个母亲正是把小男孩托付给了学校。无疑，一个母亲需要学校教育还给她一个具备健全人格、有基本知识与能力的"人"。一个人格健全的人，首先应该是具备良好的交际能力的人。而教师，除了传授基本知识与技能之外，必须担负起培养学生良好的交际能力的责任。

要明确教导学生"未经允许不能触摸他人身体"

每个人对疼痛的感受程度是不相同的。即便壮实的男子也有可能对疼痛的感觉特别敏感，而纤细的女子也有可能对疼痛的感觉比较迟钝。

孩子也一样，对同学的碰撞，也许教师和肇事者觉得不严重，但被碰撞的孩子有的会表现得疼痛难忍。同时，孩子对力度轻重的感受也是非常主观的。肇事者会说："我真的只是轻轻地推了他一下。"在他的体验中，或许真的是一次很轻微的推推搡搡。但被碰撞的孩子可能感受到的是："他明明非常用力地推我，我才站不住而摔跤的。"对此，教师不能简单地批评孩子不诚实或者夸张。

低年级的孩子排队的时候，哪怕不是去推同学，就是突然去抱同学，没有防备的同学都有可能被弄痛，甚至摔倒。孩子一不小心出现骨折或者掉了牙齿的事情，也时有发生。受伤的孩子让人心疼，肇事者内心的恐慌与压力其实也让人心疼。

中、高年级的孩子，则容易产生"我只是轻轻地碰了他一下，他却很用力地打我"的感受，为此很容易引发同学之间的"战争"。轻的话彼此抡了几拳没啥大事，不巧的话可能双方会挂彩甚至出现不同程度的受伤。

解决这一类纠纷，最简单易行的办法就是，教师明确教导学生"未经允许不能触摸他人身体"。相比"要团结同学，要与同学友好相处"这样空泛的要求，"未经允许不能触摸他人身体"的要求更简单、具体。教师平时在跟孩子相处中，要反复提醒孩子，同时，也应该跟家长明确这条要求，请求家长在家反复跟孩子强调尊重他人身体，不去故意触摸的规则，以便帮助孩子们养成"未经允许不能触摸他人身体"的习惯。这样会帮助孩子减少同伴之间的矛盾，并让孩子成为在伙伴中受欢迎的人。

要及时引导学生学会处理自己的情绪

孩子们的各种纠纷——吵架也好，打架也好，基本上都有"赢家"和"输家"。"赢家"往往是比较鲁莽、皮实的孩子，而"输家"则往往是过于敏感、比较羸弱的孩子，后者常常会觉得很受伤，甚至情绪失控而痛哭。在矛盾现场，教师往往倾向于保护"输家"，批评"赢家"。如果肇事者就是那个“赢家”，的确要批评。但是，面对在纠纷中受伤心理过于浓重的孩子，教师也要及时介入，引导他们学会处理自己的情绪。

记得有一天下午，音乐课上课都五六分钟了，学生明到办公室来找我，非常焦虑地说：“老师，我在体育课上跟浩闹别扭了。我已经跟他说‘对不起’了，可他一直在操场上哭，不肯去上音乐课。”——加上课间10分钟，浩至少哭了有15分钟了！我一边往教室走，一边问：“你是不是说了很伤害他的话？”——我不准备问具体是什么话，因为肯定不是好话。明很不好意思但是很诚恳地回答：“是的。我是跟他开玩笑的，但是那些话肯定让他觉得很受伤。”他及时补充说明：“我已经跟他道歉好几次了，他就一直哭。”明的声音里饱含无限焦虑。我来到教室，体育老师已经陪浩回来了。

等体育老师走后，我一边把纸巾递给浩让他擦眼泪，一边说：“浩，刚才明跟我说了，他说了非常伤害你的话。我知道你这会儿还是很难受。你先冷静一下。”然后问明：“你的一个所谓的玩笑，让浩难受了这么长时间，你觉得这是合适的玩笑吗？”明几乎要哭了，不断地说：“对不起，我不应该说那些话。”我严肃地提醒明：“以后要注意开玩笑的分寸，不能说伤害人的话。”然后让他先去音乐教室上课。

浩还在抽噎，我说：“浩，明已经多次跟你道歉了，可你还是这么难受。你需要我做什么吗？”他的抽噎终于有减弱的趋势，可还是很哀怨地回答：“不知道，我就是心里难受。”

我想了想问：“是不是他说伤害你的话的时候，边上有别的同学听见了？”浩点点头。我说：“好，我知道了。等会儿我让明当着全班同学的面向你道歉。”他终于如释重负，停止哭泣。我再问：“现在你可以去上音乐课，也可以跟我去办公室，或者去办公室隔壁的小房间休息休息，喝喝水，看看书。你选哪一个？”他选了去小房间。

在走向小房间的路上，我缓缓地跟他说：“浩，别人说了伤害我们的话，肯定是别人不对。但是既然人家已经再三道歉了，我们也可以不用太在意，可以很大气地原谅对方，可以很潇洒地不跟对方计较。因为计较的时间越长，自己心里越难受。你说是不是？”他没说什么，可是神情平静，状态放松。放学前，明当着全班同学的面向浩道歉。这是明愿意承担的后果，也可以抚慰浩受伤的心灵。

浩过于沉湎于受伤的感觉，这令我警觉。这样的孩子需要的不仅仅是别人的道歉，更需要学会处理自己的情绪，不能让自己受伤的感觉过分泛滥。一个孩子如果容易沉湎在受伤情绪中，则不利于他正常的同伴交往。教师有必要指出他的问题所在，但是，需要在他感受到足够被理解、被信任和被关爱的前提下。

要正确指导学生跟异性同学交往的原则

小学高年段遏制不住的青春期前期开始来临。这群生理发育良好的孩子，心理尚没有做好准备，他们在青春期前期有些手足无措，甚至狼狈不堪。有的男孩子，成天围着喜欢的女孩子转，甚至控制不住地借故去触摸女孩子的头发、双手或者脸颊；而女孩子这边，嫌弃男孩子毛手毛脚的投诉、彼此之间挤对“你喜欢哪个男生”的流言，也一再传入我的耳中。

为此，我开展了“说一说你最喜欢的异性同学”的主题班会，让孩子们明确：喜欢一个异性同学是非常正常而美好的事，我们要努力让自己更优秀，让自己喜欢的同学也能够喜欢自己。

随后，我分别指导孩子跟异性同学交往的原则。我跟男孩明确：可以喜欢女孩，但不要毛手毛脚去碰女孩的身体，她们会因此很讨厌你；如果你喜欢一个女孩，要学会有话好好说，不要用故意去欺负她的方式引起她对你的注意；没什么原则性的问题，要多让让女孩；女孩需要帮忙的时候，要尽力而为，要有绅士风度。我跟女孩强调的原则是：可以和喜欢的男孩一块儿去图书馆或者书店，但必须得到双方父母的同意，并在规定的时间回家；不要随便接受男孩的礼物，不要花男孩的钱——因为他现在还不能赚钱，不要仗着男孩喜欢自己就欺负人；如果有人蓄意触摸你内衣覆盖的身体部位，要反抗并及时报告给最信赖的成年人——爸爸妈妈或者老师；要注意个人卫生，干净是美丽的前提，要有淑女风度。

一个人的交际能力，代表着他与身边人的沟通能力。交际能力越强，沟通越到位的人，工作就会越顺利，生活也会越如意。反之，则很有可能与同事、家人都无法顺利沟通，导致工作进展不顺利，甚至个人生活不幸福。

教育是面向未来的事业，教师必须把孩子的未来放在心头。因此，在学校里，教师不仅要关注孩子的学业成绩，更需要培养他们良好的交际能力。

培养让学生终身受用的素养

每年高考后，总是有大量网友围观高考题，顺便发出各种感慨——“数学题都不会做了”“背过的课文都不记得了”。这些感慨，总会引起大家的热议，从教育制度到考试内容，甚至有些人因此而质疑学校教育的意义。

爱因斯坦说：“所谓教育，就是当一个人把在学校所学全部忘光之后剩下的东西。”我愿意把“在学校所学”理解成在学校所习得的学科知识，把“剩下的东西”理解成学科知识以外的东西，比如，学习能力、交际能力等方面的综合素养。

的确，学生在学校里获得的学科知识是有限的，很有可能在离开学校后再也用不到。但是，他在学校里获取的其他素养，却是在离开学校后终其一生都能派得上用场的。学校教育的主要内容本来就包含这两方面，我个人觉得，教师尤其应该重视培养让学生终身受用的素养。

培养学生良好的饮食习惯

良好的饮食习惯是从童年开始培养的。人在童年时候的饮食习惯，很可能延续他的一生。但是，很多家庭的饮食习惯不够健康，很多孩子不吃蔬菜和水果，很多家长放任孩子吃大量含糖量高的零食或者油炸食物，喝含糖量高的饮料。这样的饮食习惯容易导致孩子肥胖，并会影响他们一生的健康。

据我所知，为改进英国国民的健康状况，解决日益严重的儿童肥胖症问题，英国政府于 2004 年开始实施为 7 岁以下的在校学生每日免费提供新鲜水果的计划。该计划旨在鼓励7岁以下儿童食用更多水果，同时也让他们认识到水果对保持身体健康的重要性。而时任美国第一夫人米歇尔·奥巴马于2010年2月20日在全国州长协会会议上发表的讲话，也敦促全美各州努力解决儿童肥胖问题。她阐述了有关如何帮助孩子维持健康体重的计划，其中也包括帮助学校食堂向中小学生供应更加健康的食物。

事实上，教师想改变一个家庭里成年人对孩子的饮食准备几乎是不可能的，试图干预并不合适，并要为此冒很大的风险。作为一个小学教师而且是一年级教师，我认为在午餐时敦促孩子吃蔬菜和水果是自己义不容辞的责任。学校的营养午餐每天有两荤（其中一份荤菜也是以蔬菜为主，加点肉末或鸡蛋炒一下）、两素、一碗汤和一份水果。在孩子进餐前我会经常反复教育他们吃蔬菜的意义，并提出明确的要求：每天至少吃完一份蔬菜。在孩子们进餐的过程中，我会反复巡视，确认每个孩子至少吃完一份蔬菜才让他们吃水果。因为孩子们进餐速度各不相同，在整队的时候，总会有部分孩子还在吃饭或者吃水果。我和搭班老师总是分工合作：她带大部分孩子离开餐厅，我则留在餐厅耐心等待其他孩子用餐或者吃水果，不指责他们进餐慢，不允许个别孩子以“要整队了”的名义连一份蔬菜都不吃完，不允许他们将水果啃一半扔在那里。

班上每天都有孩子告诉我，“我今天吃完了两份蔬菜”或者“我渐渐能吃蔬菜了”，我的内心感到非常欣慰。教师帮助孩子在童年时候养成良好的饮食习惯，这对他们一生的健康有利，甚至对他们今后为人父母养育子女也有益。

培养学生良好的离座习惯

在很多场合，经常会听到“中国人没素质”的批评声。其实在有些时候，真的只是中国人不懂，而非不愿遵守某些规则。比如，很多人的离座习惯很糟糕。无论是在体育看台还是在音乐厅，人们退场时，会在椅子上留下大量的海报、节目单和饮料瓶等杂物。很多人觉得自己没往地上扔，做得挺好，他们真不知道应该把这些不用的杂物随身带出会场，再丢入垃圾桶。

如果一个人在童年的时候养成了良好的离座习惯，并内化成自己的行为准则，他们成年以后无论到哪里，都会遵循自己的行为准则，并会用来教导自己的孩子。那么，每年国庆节观看升旗仪式后的天安门广场上，每年中秋节赏月后的海滩上，垃圾才有可能日益减少，直至归零。

因此，我非常注意对学生在这一方面的教导。我会告诉年幼的孩子："离开座位的时候，我们要把椅子推回去，塞进桌子下面。这样做便于他人进出、就座，也便于他人打扫。"我还会强调："离开你的座位的时候，要仔细检查你的东西有没有落下，有没有弄脏你座位附近的地面。如果有纸屑及果皮屑落在地上，你需要把它们捡起来，并放到指定的地方。"

无论去操场、餐厅或者专业教室，每次孩子们离开的时候，我都会提醒他们把椅子推回去，收拾掉在地上的纸屑；吃完饭离开餐厅的时候，也要一一检查孩子们的椅子和地面——椅子是否推回去，地面上是否有果皮；离开图书馆的时候，我也会巡视一下，看是否有遗漏的椅子没有被推回到桌子下面，以免影响他人落座。

时间长了，孩子们就自动养成了习惯，而且时常会互相提醒："你的椅子！""看地面！"被提醒的孩子也会飞快地改善自己的行为。

培养学生良好的传承意识

在新学年第一学期开学后，大多数学校的班级会使用新教室。也就是说，在每学年第二学期期末的时候，老师和学生们都知道：下个学年我们不会再使用这间教室了。

在期末的时候，很多学校会精心准备休业式：有各种表彰、各种讲话，甚至各种表演。这些休业式的确会让孩子们有实实在在的"学期结束了”的体验。但我认为，止于休业仪式，尚不足以培养学生的传承意识。

其实，除了休业式，教师更应该利用“即将把教室交付给他人使用”这一契机，培养学生的传承意识，把教室整理如新，交付给下一个学年使用这间教室的学弟学妹们。

在日本爱知县犬山市的犬山中学，初三学生毕业前“清洗桌椅”是一项延续了60多年的传统。每年2月，学生们把桌椅搬到一公里外的河边，在早春仍然冰冷的河水里清洗陪伴了自己3年读书生涯的桌椅，进行初中最后一次课外活动。校长会发出号令：“请在冷水中回顾3年的时光，怀着对书桌和椅子、对家人和伙伴的感恩之情，好好清洗！”从而揭开清洗桌椅活动的序幕。

我极为认同这样的理念。因此，每学年末，我会带学生悉心整理教室。首先，我会请大家带好小刷子和毛巾，刷干净课桌椅，并提醒孩子们感谢课桌椅一年的陪伴。然后，我会组织孩子们把教室四周所有的板报、文化角、比赛栏目的素材、装饰品全部摘除，并提醒孩子们感谢全体老师这一学年的辛勤布置。我也会把讲台、书柜里所有的杂物都处理掉——扔掉或搬到办公室，也请孩子们把自己的课桌以及储物柜全部清空，并仔细检查，看是否有透明胶、双面胶的使用痕迹留下，并向他们解释：这样清理，学弟学妹们就知道我们很爱惜这间教室，他们会向我们学习的。我还会告诉孩子们，我把电脑硬盘上储存的资料都删除了，把收藏夹清空，向他们示范我对下学年使用这间教室的教师的体贴。

休学仪式结束后，大家离开教室的时候，看着干干净净、整整齐齐的教室会特别有成就感：我们给了学弟学妹们一间整洁如新的教室，他们在这间教室里学习一定会很愉快，他们一定会像我们一样爱惜教室，将来把教室整理好后再交给下一批的学弟学妹们。

美国教师雷夫说过，考试分数只能反映一个孩子的成长和价值的极微小部分。他的理想是：想教孩子终其一生都派得上用场的技能。这一理念深得吾心。帮助孩子们取得更好的学习成绩，是教师的职责之一；帮助孩子们获得离开学校后也能派得上用场的知识，更是教师的重要职责。

人要自立于社会，需要的技能很多。终身阅读的习惯、写作能力的奠基、理财能力的培养、艺术气质的熏陶、独立思考的习惯、与他人交往的能力……我们每一个教师都不是全能的，但至少我们要重视培养学生们离开教室后终其一生都派得上用场的各种技能与素养，这样孩子们以后的生活质量与幸福程度才有可能更高。

平等，在班级生活中践行

每天早晨，我会在语文老师进班后离开教室。在沿着走廊往办公室走的那一段路上，经常会遇到往教室走的孩子。无论他们的眼神是否跟我的眼神相遇，无论他们是否先开口问候我，只要我看到他们，就一定会微笑着主动问候："早上好！"有时候我会加一句："语文老师在等你们呢！"个别淘气的孩子哪怕跟我只是擦肩而过，也要逮住我说几句话，比如："昨天我写完作业倒头就睡，黑米也马上跳到我的床上来了呢！"——黑米是他家的宠物狗。

在我们班级，我这个班主任向来不过分讲究"师道尊严"。我觉得等着学生主动先问好是一种失礼的行为。所有的孩子，首先在人格上是与我完全平等的人，其次才是来学校学习知识与技能的学生。我们班的孩子彼此之间也非常平等，没有同学会因为自己成绩优秀或者才能突出而在其他同学面前有优越感——我不制造优越感赖以生存的空气与土壤。即便面对班上成长得最慢的同学，孩子们也渐渐地学会了等待与包容，不排斥，不取笑。

在我们班级，"平等"不是哲学家或诗人的高论，而是师生都铭记在心，并在日常生活中努力践行的准则。

与学生平等相处，从使用第一人称开始

有些教师，在学生面前习惯用第三人称称呼自己。比如："沈老师很高兴看到你们都做好了课前准备，现在请大家把书打开。"世界上或许不会有从事其他职业的人像这样用第三人称称呼自己。其实，这样的

自我称呼，可以反映出教师潜意识中居高临下的心态。这种自称，会让师生间的关系疏远，也会在彼此之间制造出障碍。

与人交谈时使用“我”“我们”这样的第一人称，是人与人之间最自然的沟通方式。“我今天很高兴看到你们都做好了课前准备”，类似这样的表达，会让孩子们觉得亲切、自然。哪怕在我对孩子们有意见的时候，我会说“我听到了不该有的声音”“我看到了东张西望的几双眼睛”，诸如此类。这些是“我”的感受而非“老师”的批评，孩子们很少会产生抵触心理，也就更愿意去反省或调整自己。

尊重每个生命个体，经常向学生表示感谢

教师的日常教学工作极其忙碌，班主任的工作更是烦琐。很多时候，教师们会请学生帮忙处理一些班务或者杂事。比如，请学生去文印室领取学校发给每个家长的通知，请学生去图书馆领取同学们订阅的杂志，去办公室拿练习册等。

我从来不觉得孩子们有义务做这些事情，哪怕是班务；我也决不会因为他们是学生，就可以理直气壮地差遣他们。每一次，我都会认真地请求：“某某同学，请你去帮大家或帮我……”而只要他们回来，不管任务是否完成，我一定会郑重道谢：“谢谢你！辛苦啦！”

这样的话语从早到晚会在我们教室里回荡：“吃饭去啦！请窗边的同学打开窗户通风。谢谢你！”“谁有空去给窗台上的绿色植物浇水？谢谢你！”“谢谢你刚才帮我送这张表格到办公室。辛苦你啦！”“谢谢你刚才陪同学去医务室。辛苦啦！”……

教师多说几声“谢谢你”“辛苦啦”，会让学生感觉到自己作为一个独立的生命个体而被尊重，会让孩子觉得自己在教师面前是被平等对待的。长期被平等对待、被尊重的孩子，才会学着去平等待人、尊重身边的人，无论是同学、家长还是陌生人。如果教师很少对学生表达出发自内心的谢意，经常对学生颐指气使，学生自然而然地会复制教师对自己

的态度，以此去对待他人，那么，一个互相尊重、彼此平等的班级也就难以构建。

不培养优秀学生的优越感，不给后进生“特殊待遇”

教师对优秀学生的喜爱是无可非议的。有的孩子学业出色，有的孩子才艺突出，有的孩子沟通能力好，有的孩子动手能力强……这些优秀学生的确更容易招人喜欢。但是，教师即便再喜欢这些孩子，也不可以因此去培养他们的优越感，纵容他们自恃优秀而凌驾于其他同学之上。

我会经常肯定优秀学生出色的地方，比如，当众表扬他们的学习能力，展示他们的书画作品，推荐他们参加更具专业性的社团，组织活动时请他们表演等。尽管学生拥有优秀的成绩、出色的技能以及良好的自我管理能力，我不能因为他优秀就赋予他“管理”其他同学的权力。我教导孩子们从小懂得并去遵循——每一个生命都生而平等，不能仗着自己在某一方面有优势就凌驾于他人之上，也不能因为自己各方面表现都不够好而自暴自弃。

有时候，我看到一些班级中有名的“刺儿头”或者“坏小子”，在班主任采取各种教育措施都无效的情况下，会接受“招安”这一招。比如，摇身一变成为“纪律委员”之类的“干部”，反过来对其他循规蹈矩的孩子吹毛求疵。这种现象值得警惕。如果让孩子们从小体会到或者旁观到“坏到极处”反而有“好果子”吃，显然不是一件好事。对后进生的教育引导可以采用诸多形式，但如果因为他“后进”，班主任就轻易给予他一个职位或者一份荣誉的话，这对认真学习并遵守规则的大部分孩子来说，何尝不是一种诱惑甚至是伤害？

引导学生理解并包容不同的人与事

班上那个“哭娃”雨同学其实一度给老师和同学们带来诸多困扰。一开始孩子们不理解他，不接受他，也不知道怎么应对。时间长了，很多孩子对雨同学敬而远之，有些孩子不加掩饰地流露出嫌弃他的态度，淘气的孩子甚至会捉弄他。我多次教育其他孩子，要理解并宽容雨同学的脆弱与幼稚，但收效甚微。

后来，我找了个机会认真地跟孩子们分享我有一年暑假游厦门的心得："凤凰木是厦门的市树，花期在6—7月份。可惜我到厦门的时候是8月中旬，大多数凤凰木的花已经凋谢，只能偶尔看到树梢上有三两朵花。这令我非常遗憾，因为我太想看看满树的凤凰花了！有一天，我去嘉庚公园，没想到在海边看到了一棵迟开的凤凰木，满树都是火红的凤凰花，美丽极了！如果把大家比作凤凰花，你们绝大多数在7月份开花了，非常漂亮。可是，还有个别同学，他的花期会比较晚，可能要到8月份才能开花。我们不要去嘲笑他、批评他甚至攻击他为什么不按时开花，而是要耐心去等待。等他的花期到了，他一定也可以开放得美丽、动人。"

孩子们友好地看看雨同学，会心地微笑了。此后，大家对雨同学的各种行为渐渐理解、渐渐宽容。可想而知，雨同学闹情绪的频率也在逐渐降低，幅度也在逐渐减小。

在孩子们年幼的时候，我有责任教导他们尊重并理解比自己更弱势的伙伴，善待他们，并与他们和谐相处。这些孩子长大后，在遇到残障人士或其他弱势人士的时候，或许可以更好地去理解、帮助他们。

所有的成年人，都希望得到他人的尊重，希望得到公平对待，希望他人对自己礼让谦和，孩子也一样。一个时时感受到自己被平等对待的孩子——无论是在教师面前，还是在同学面前，能慢慢学会平等对待他人、尊重他人——不管这个人比他强还是弱。教师不能因为自己在学生面前具备种种强势因素，不能因为某些学生的特长，就放任各种不平等关系在班级里存在。那样的话，教室里只会有控制而没有教育。

体验后果，让教育更有效

在自习课上，大多数孩子在安静地阅读，或者写家庭作业，女孩怡东张西望，显得特别突出。不仅如此，她还不断试图去吸引周围的同学跟她说话。她故意去拉前面男同学衣服上的帽子，不打招呼就去拿边上同学的铅笔……细小、琐碎的争执声在教室里传开。我放下在看的书，轻轻地走过去，轻声地说："怡，到现在你还是不怎么爱阅读，我感到非常遗憾。而且，你在自习课上还不断打扰边上的同学看书。既然你上课的时候没有上课的样子，那么，下课的时候你也不应该有下课的样子。今天所有的课间，尤其是午饭后，大家都出去玩的时候，请你除了上厕所、喝水之外，都留在座位上，好好反思应该如何上课。"我的声音虽轻，但在安静的教室里足以让每一个孩子听见。

信息技术课结束后，老师向我反映：有几个孩子违反规定，没有好好地按照老师的要求练习操作，而是偷偷上网打游戏。我向全班同学宣布："有几个同学不知道怎么上信息技术课，那么，取消他们的下一次课，请他们留在教室里，我来跟他们讨论如何上信息技术课。等他们知道怎么上信息技术课后，再恢复上信息技术课。"在第二周的信息技术课上课前，我当众留下了这几个孩子，陪他们坐在教室里，请他们认真反思，然后依次跟我交流如何上信息技术课的心得。

班上的男孩子中流行玩一种卡片游戏，几乎每个男孩都有一大沓卡片，一下课就拿在手里到院子里去玩，玩得都很入迷。大部分男孩不会在上课时间去碰卡片，哪怕是自习课上。但是淘气的黄同学有一次在英语课上抓了几张卡片放在桌肚里玩，被我当场发现。我提醒他："我们班的班规一直是'在合适的时间做合适的事'。你在不该玩卡片的时候玩卡片了，今天一整天的课间你都不可以玩卡片，只能看别人玩。"

在自习课上忙着玩而且故意打扰别人，那就一整天的课间都不可以离开座位去玩（除了喝水、上厕所、交作业）；信息技术课不认真上，那就取消一次信息技术课；英语课上玩卡片，那就课间自己不能玩卡片……这些都是我在让孩子去体验自己的不良行为的后果。

每一个孩子不尽相同，有的孩子是真的记不住教室里的规则；有的孩子是个性强，需要反复去体验才确信教室里的各种规则是必须遵守的。当孩子出现违背规则的不良行为的时候，教师可以宽容——但也许会失去学生的信服；教师可以惩罚——但也许会破坏师生的合作关系；教师也可以去让学生体验后果——这会让教育更有效。

让学生体验后果有别于接受惩罚

让学生体验不良行为的后果，有别于让学生接受惩罚。惩罚一般是教师让孩子去接受他们极其不愿意做的事，并让他们因害怕再次被惩罚而不敢再犯；而让孩子体验不良行为的后果，是教师在给孩子列规矩和边界，引导他们日渐明确这些规矩和边界。

每学期开学初，我都会跟孩子们反复强调："一个学生管理好自己的作业本是分内事。如果忘带作业本，就要承担后果。这种情况下有两种方案可供选择：一是跟我借手机，打电话请爸爸妈妈把作业本送过来；二是重新做一遍。"对这个规定，孩子们都一致认可。事实上，我班很少有孩子说"忘了带作业本"。

但是，偶尔还是会有粗心的孩子忘了带作业本。当他们告诉我"老师，我的作业本忘在家里"的时候，我从来都是心平气和地问他："要不要我借手机给你？"孩子们会自行定夺是打电话请父母送作业本过来，还是主动补写一遍。孩子体验过这样的后果之后，一般情况下不会再次发生忘带作业本的现象。

有的老师听闻学生没带作业本后，马上就情绪焦虑、急躁，并简单、粗暴地给予学生各种惩罚：罚抄课文，罚做值日，罚跑步……这样的惩罚与“忘带作业本”之间并没有逻辑上的关系，往往只是强迫学生服从，或者伤害学生。惩罚容易引发学生的愤怒、憎恨甚至逆反心理，而不是教会学生承担责任。

请家长送作业本过来或把作业补写一遍，不是教师本人充满情绪的惩罚，而是学生必须承担的后果。这个后果与“忘带作业本”之间存在逻辑上的关系，体验这个后果对孩子来说才真正具有教育意义，他们会从中学到担当。

体验的后果要与对应的行为相当

教师让孩子体验不良行为的后果时，要注意和它相对应的行为相当，这样才能收到应有的效果。冗长、持久的后果，会让孩子充满怨恨；而过分简单和轻微的后果，会不被孩子重视。

有一天午饭时间，我去教室带学生排队去餐厅。还没到教室门口，看到男孩罗同学从窗口跳了出来。他一落地就看到了我，不免既紧张又惭愧。

我能理解他的心情：无非是淘气、逞能，在同学们面前显摆，享受没有被老师逮到的那种隐秘的快感。但是考虑到这个行为的可怕后果——有可能骨折，我不能不做处理。不然，有可能导致其他孩子效仿。

因此，我当着全班学生的面对罗同学说：“这样从窗口跳出来，太不安全了。请你从门口回到教室里的座位上，好好反思，应该如何从教室走到走廊。等我们整好队伍开始走了，你再跟上来，排在最后。”

罗同学蔫蔫地回到了座位上，看起来非常难受。因为我对进餐厅的队伍要求不高，而且同意他们不按身高排队，可以和好朋友并排走，一路上可以说说笑笑，所以，孩子们非常享受进餐厅就餐这一过程。但是，因为罗同学的不良行为，他要承担这样的后果——失去了和好朋友并肩行走、说说笑笑的机会。

罗同学跳窗一事，如果我严加斥责，或者惩罚他反思十分钟，都可能影响他进餐的时间和食欲，不利于他的健康成长。而且，在别的同学都高高兴兴地就餐的时候，让他饿着肚子留在教室反思，只能导致他怨恨教师，而不可能真正去自省。但如果对跳窗事件不处理，罗同学不用去承担做错事的后果，就不利于培养他和其他孩子遵守公共规则的习惯。

体验后果的目的在于引导学生学习规则

在孩子做出不良行为之后，教师不宜过多地说教或者警告，更不该威胁孩子。“给予第二次机会”也并不可取，孩子大有可能再次尝试挑战规则。教师让孩子体验不良行为的后果要及时，其目的是制止孩子再次做出不良行为，让孩子学习并遵守规则，而不是去羞辱他们。

有一次在午饭前的自习课上，我留了大概 5 分钟的时间让孩子抄写作业。大部分孩子自觉地主动完成了作业，然后安静地看书，而我则径自批改练习册。午饭后，孩子们出去玩了，我在教室里开始批改他们的抄写作业。批到小吴同学那一组，发现小吴同学居然没交。我抬头一看，小吴同学在安静地看书。一了解，居然还没写作业！

我要求他先补完作业，然后留在座位上反思，不准再看书——午饭后的自由活动时间有 40 分钟。他因为没有及时完成作业，就必须承担相应的后果。

在他补完作业并反思 10 分钟后，他向我道歉：“老师，我错了，不应该不写作业就看书。”我跟他说：“我知道你喜爱阅读，同学们在自习课上写作业的时候，你在看书；同学们午饭后在外面玩的时候，你也在看书。看书是你最喜欢的事，我也认为看书是一件非常有意思、非常好玩的事，我也喜欢看书。可是，如果我也像你一样，只做自己喜欢的事，那会不会耽误上课？会不会耽误批作业？会不会耽误做家务？你去想想，你应该要遵守一条什么样的规则？”

小吴同学回座位上继续反思 5 分钟后，找我谈话：“老师，我知道了，我要遵守这样的规则：先做必须做的事，再做喜欢做的事。”

这个体验不良行为后果的过程，也是小吴同学学习规则的过程。这条规则是在他承担了后果之后自行体悟到的，他在今后就能够比较好地遵守。这样的体验，也能帮助他慢慢养成良好的学习习惯。

教师要用不同的方式帮助孩子们认清他们的不良行为会带来什么后果，帮助他们明确：要对自己的行为负责，要在学习和生活习惯中确立秩序。让孩子体验不良行为的后果，可以制止再次发生相同的不良行为，而且能给孩子们传递出清楚的信号，告诉他们应该遵守的规则。

这样做还可以提供坚定的界限，保证孩子们学会遵守规则。在我们班级，体验后果是非常普遍的日常行为。孩子们从不断的体验中学习并真正接受各种行为的规矩和边界，各种不良行为也就自然地减少了。

共情，让班级更和谐

孩子们之间免不了磕磕碰碰，一旦“受伤”，他们会第一时间来找我这个班主任：“老师，他抓到或踢到我的手或腿……”并带着各种痛苦、委屈的表情。我总是第一时间查看他们的各种伤痕，并关切地对他说：“这里有些红肿或破皮，我想你一定很疼。我帮你吹一吹或揉一揉。”并根据具体情况分别作出处理：“现在还疼吗？需要我继续揉吗？”“需要去医务室吗？”“需要我打电话给你爸爸妈妈，让他们来带你去医院吗？”再了解情况，一般会问：“回忆一下，对方是不是不小心的啊？”于是大多数“案子”到这儿就告一段落了，一般情况下因为“伤势”很轻，很多孩子宁愿争分夺秒继续去玩。

班上有不少孩子参加各种校级培训队，如果迟到或者缺席，会受到负责老师的批评，然后班主任也会被通报批评。有一天早上我走进教室，看到本该参加合唱队的男孩 Ewen（尤恩，马来西亚籍）居然留在教室里，手里翻着一本语文书。他的母语是英语，在家里只说英语，他学中文很辛苦。我问他：“是不是今天上午有语文默写，你还想复习一下，所以不打算去参加合唱队的训练？”他似乎很感动：“是的。这一次的词语比较多，我还没完全掌握，怕等会儿默写不出。”我提醒他：“但是，如果你今天早上不去合唱队参加训练，负责老师会批评你的。”他看起来内心无限挣扎，迟疑了一会儿，回答我：“我知道。可是我这会儿还是想复习语文。傍晚我会去训练的。”我回答：“我能够理解你现在的心情。我认为你应该先去合唱团找老师请个假，说明情况。遇事主动跟人沟通才比较合适。”等他请假回来，我叮嘱他：“以后每天晚上都要注意高质量地完成所有的复习作业。”

美国著名心理学家卡尔·罗杰斯提出过“共情”的概念。他指出，心理治疗师“不但能对当事人已经很明了的内容表达出自己的理解来，而且还能把当事人一些‘心中所有、口中所无’的体验的意义也表达出来”。他还描述，经验丰富的心理治疗师“非常能理解患者的情感”，“从来不对患者表达的意义持怀疑态度”，“评论与患者的心情和表达内容非常吻合”。[①]其实，只要把“心理治疗师”换成“教师”，把“当事人”或“患者”换成“学生”，这个场景就是我们熟悉的教育现场。因此，教师要“感受他们的愤怒、惧怕或迷惑就好像感受的是自己的愤怒，然而自己的愤怒、惧怕或迷惑并没有牵涉进去”。

能够被他人共情理解，会让自己的心灵自在乃至愉悦。同理，我们每一个人都应该具备共情力，这样才可以跟他人和谐相处。因此，教师应该有意识地去培养学生的共情力，让师生关系、同伴关系更加和谐。

教师要成为具备共情力的范本

要培养学生的共情力，教师首先要成为学生眼里具备共情力的范本。说一句“我能理解你”这样的话当然容易，但孩子的心永远是最明敏的，如果是没有温度与诚意的表达，孩子会在第一时间辨别出来，从而失去对教师的信任，导致师生关系僵化。教师必须是一个“真诚透明”的人，并始终对学生“无条件积极关注”。[②]

当孩子们因为磕磕碰碰来找教师投诉“某某某弄疼我”的时候，教师要第一时间表达共情：描述教师所看到的——“你受伤了”，说出学生“心中所有、口中所无”的感受——“你一定很疼”，并及时处理或提出建议——帮着揉一揉或者“去医务室”“让你爸爸妈妈带你去医院”。学生的感受得到充分的共情，他们的“疼痛”或者“委屈”会在

①②罗杰斯．个人形成论：我的心理治疗观［M］．杨广学，等译．北京：中国人民大学出版社，2004：261，259-260.

刹那间烟消云散。有的教师不善于共情，不是忙着当“警察”去论断“谁是谁非”——导致师生彼此浪费无谓的口舌，就是轻描淡写地说：“伤口看不出来哇！你也太娇气了！”——让学生郁闷或者生气。

同理，一个功课没有准备好又得参加训练的孩子，他内心的挣扎与纠结、他被提醒要去向老师认真请假，都是他的体验与经历，这都是最好的自我教育的素材。教师及时表达共情——“我能理解你”，这样可以使孩子免于过分焦虑，也不会诱导他推卸责任——“因为训练我才没有默写正确”。这样的共情，绝对不是纵容，而是让孩子以此为鉴，从而敦促他更好地管理自己。

教师真诚地接纳学生，并给予无条件的积极关注，在他们面对各种状况出现恐惧、焦虑等情绪时都及时予以共情，师生关系才会更加和谐。而良好的师生关系，是教育发生最重要的前提。

教师要肯定学生的共情力

学生的心智发展参差不齐。因此，培养学生的共情力，也需要教师在相关事件中及时肯定并指出值得所有孩子学习的地方。

在一次午餐时，有个孩子告诉我：“沈老师，罗同学跟王同学打起来了。”虽然跟肇事孩子只隔了三张餐桌，但我居然没察觉他们的情况。等我快速走到他们的餐桌时，吴同学站起来了，他对王同学说：“我跟你换一个座位吧，你坐我左边。”这样，吴同学坐在了肇事的罗同学与王同学中间，把他们隔离开了。因为是午餐时间，我不想影响任何一个孩子的进餐情绪，所以就简单地说：“大家都先好好吃饭，吃完饭我们再讨论。”

午饭后，我跟所有孩子交流：“今天我要表扬吴同学。他在看到两个同学打架的时候，主动站起来换位置，把打架的两个人隔开了。我想，他一定意识到他们继续坐在一起有可能导致矛盾更加激化。吴同学有能力理解其他同学的情绪，并且做出了非常好的安排。大家要向他学习。下次你如果遇到有人跟同学闹别扭，也要去理解他们的情绪。你可以说：‘不要计较了，跟我出去玩吧。’或者说：‘不要生气了，我们换个地方玩吧。’大家都要学会理解别人的感受，这样才可以更好地化解矛盾，增进了解。”

学校不仅仅是学生来学习文化知识、技能的场所，更是学习人际交往的重要场所。教师肯定个别孩子的良好的共情能力，能带动其他孩子朝共情的方向努力。

教师要培养学生的共情力

美国儿童创伤研究院高级研究员布鲁斯·佩里博士在其著作《爱的教养：培养孩子的共情力》中指出，世界上最好的教养结果，不是成绩有多好，不是运动能力有多棒，而是让孩子拥有感受爱、付出爱的能力。这就是爱的教养，这种能力就是共情力。社会中出现了越来越多的冷漠的孩子，他们其实就是缺乏共情力的孩子。由此可见，教师要重视对学生共情力的培养。

有一天午休时间，马同学与郑同学吵架了，差点打起来。两个人情绪都很激动，互相指责。当时我正忙着改作业，并未用“你们肯定都有错”这样的结论打发他们。他们需要表达自己的情绪，他们的情绪需要被认真对待。

于是我找出两张A4纸，要求他们用数字标好序号，用“他……”的句式，写下自己对对方的意见与不满。这两个平时惧怕写作文的小家伙赶紧下笔，一会儿各自把写得满满的纸交给我，彼此的“罪状”都接近数十条。可爱的是，这些“罪状”其实非常雷同——这是在让他们表达自己。然后，我让他们交换“罪状”，用“因为我……”的句式批阅每一条“罪状”。那些批语措辞不同，但是情绪的变化曲线却非常相似，都是从生气、不服气到渐渐心平气和，甚至有解释——这是在让他们理解对方。接着，我要求他们换回写满了“罪状”与“批语”的纸。请他们阅读对方的“批语”——这是在帮助他们再次去体察对方。

最后，我说：“我想，你们现在都知道对方当时为什么那么生气了吧？”他们对视了下，有些偃旗息鼓的模样。我继续说道：“我看你们两个现在还没有完全消气，所以你们先不要在一起玩，免得又出现一方认为自己在开玩笑，另一方认为对方故意让自己不舒服，于是又产生矛盾。你们什么时候真正理解彼此了，并互相原谅了，再来告诉我一声，然后才可以一起玩。”

原谅别人，即便是成年人也需要一个过程，我不要求学生立刻原谅他的同学。那种在教师安排下的“握手言欢”，很多时候是勉为其难，恰恰也是对学生的不共情。给学生时间，让他们过滤自己的情绪，消化对方的情绪，真正去反思自己，体察对方，这样才会真正原谅对方。经历这样的过程，教师可以帮助学生真正获取共情力。

著名未来学家、趋势专家丹尼尔·平克在他的畅销书《全新思维：决胜未来的 6 大能力》中开创性地指出，未来属于那些拥有与众不同思维的人，唯有拥有右脑时代的 6 大全新思维能力：设计感、娱乐感、意义感、故事力、交响力、共情力，即“三感三力”，才能决胜于未来。

为了培养优秀的未来人才，教师必须提高自己的共情力，克服以自我为中心的思维方式，真正走进学生的心理世界，站在学生的立场上去体会他们的情感和需要。同时，在平时的班级生活中，不断去培养学生的共情力，让他们能够设身处地体验他人的处境，能够感受和理解他人的情感。

给学生有效的奖励

在我的英语课或者英语自习课上，孩子们经常会得到一个明确的奖励：如果完成作业，就可以得到“自由时间”。这个时间，只要不影响他人，想做什么都可以——阅读、写其他科目的作业、画画、折纸等。孩子们非常在意自己能得到最大限度自由的时间，并会为得到这份奖励而更加认真听课，高效地完成作业。

在批改默写本的时候，如果发现有孩子进步很大或者连续多次全写对了，我会选择在教室里当着全班孩子的面（一般是在自习课上的自由时间段）给家长打电话，让他们一起分享这个好消息。这种奖励，比单纯地表扬学生激励作用更大。

留意到孩子有进步行为或者优异表现时，我会选择在家校联系本上写下几句赞美的话。很显然，孩子和他们的父母都会看到这些赞美的话。这种悄然无声的赞美也是一种动人的奖励。

平时我会用“免考生政策”鼓励学生在每次阶段性练习中争取优秀成绩。在期末考试之前，我把每次阶段性练习考前两名的学生名字写在纸条上，然后把纸条放在盒子里。最后，在这些可能有重复的姓名纸条中抽出两名学生，推荐他们成为学校的免考生，由学校颁发正式的“免考生证书”。校级证书对孩子们来说，显然是个真实的大奖励。

我始终认为，对一个孩子而言，知识的获得本身就是一种奖励。而行为举止得当，也本该是婴儿以外的人都该遵守的最基本的要求，根本无须奖励。可是，现在在很多公开课尤其是评优课上，教师给学生发各种零食、学具或者小玩具，已经成为普遍现象。至于在平时的班级管理中，教师用零食、学具或者小玩具作为奖品，甚至制定更加烦琐的“积分兑奖”制度来刺激学生好好听课或者遵守某种规则，也已经极其寻常。这种看似奖励的行为，不仅物化了孩子追求成长的意义，而且放低了对孩子心智健康成长的期待与要求。长此以往，孩子有可能失去对知识本身的兴趣，而沉湎于追逐奖品的乐趣。

作为班主任，我也常常自费给孩子们买各种东西。比如，给每个孩子买一顶圣诞帽，圣诞节让他们在校园里大出风头；在运动会开幕前，给每个孩子买两个橙色的气球，让他们的入场方阵显得格外别致；新学期开始时，给每个孩子买一个文件袋，贴好姓名贴，便于他们整理学习资料；给每个孩子买一本可爱的“家校联系本”，便于记录作业及家校联系情况；买来沙包、橡皮筋以及铁环，让孩子们在课间有玩具可玩……所有这些物品，不是作为学生“达到某项标准”后的奖赏，没有被赋予奋斗成功的意义。

对学生进行奖励，这是教育的必要方法。但是，教师对学生进行奖励的目标是帮助他们完成良好行为的内化，最终过渡到不需要奖励。在奖励的时候，我会注意以下几点。

不用食品作为奖励。教师不仅应该教会孩子如何选择健康的食品，还要营造一个鼓励健康饮食的环境。根据学生的行为和成绩来提供食品，会使食品跟情绪之间形成联系。这会导致孩子在不饿的情况下进食，并可能会使他们养成用食品来奖励或安慰自己的习惯。用食品作为奖励，还可能促使学生患上肥胖症等病症。

在我们学校，大多数班主任中午跟孩子们一起进餐。班主任可以把自己对面的那个位置设置为“荣誉席位”，每天邀请一个孩子坐在“荣誉席位”上，跟班主任共进午餐。在午餐时间，班主任把所有时间都留给对面的孩子。这个邀请，我想会是全班孩子梦寐以求的奖励。

尽量避免积分兑奖的形式。教师在班上采取超市里常用的那种积分兑奖的做法，未必能让学生产生认真学习、好好表现的内在动力，反而，学习的目的——追寻学习的乐趣和遵守自己认同的行为准则，有可能被置换成累计积分和兑换奖品的渴望。

《今天怎样“管”学生：西方优秀教师的教育艺术》这本书中提到：“很多心理学家如今都接受了这样的观点：如果诸如金钱、取胜、获奖、赞誉等奖励成为一个人做某事的原因，那么，这件事本身就变得不那么令人愉快了。简而言之，奖励会在无意中压制兴趣。”[①]长期用积分或者奖品来“诱惑”学生认真学习或者遵守规范，在一段时间内或许有效。但长此以往，学生会感受到认真学习和遵守规范是他们为获得奖励“必须”做的。而在一般情况下，“必须”做的事情，都会让人慢慢失去兴趣。

另外，积分兑奖会花费教师巨大的时间与精力。教师要经常统计积分，在统计过程中很有可能因为疏漏或者出错被学生投诉，教师又不得不再花时间去确认。而且，积分兑奖也有可能走入一个难解的困局：最终能用大量积分兑换到各类奖品的孩子，其实本身就是学业成绩优秀并自觉遵守各种规则的孩子；而教师更渴望通过积分兑奖调动起来的那些孩子，有可能慢慢成为这个活动的旁观者。这就失去了教师设置积分兑奖制度的最初意义了。

不对优秀学生流露出偏爱之情。优秀学生总是可能得到较多次数的表扬与奖励。教师要注意，不要过多地当众表扬或者奖励优秀学生，那会流露出你对优秀学生的偏爱之情。一个教师，在全班学生面前明显表达出对个别学生的喜欢与欣赏，这对其他孩子而言是一种伤害。

我曾亲历过这样一件事：班上几个孩子围着我，讨论一个校级活动开幕式现场观礼的名单——因为报告厅的位置有限，每班只有几个名额，其他孩子留在教室看现场直播。女生彤对我说：“这个名单肯定是数学老师推荐的，对吗？”我觉得很奇怪，事实上，这个名单是我根据

---

①李茂．今天怎样“管”学生：西方优秀教师的教育艺术［M］．上海：华东师范大学出版社，2008：62.

孩子们的各方面表现拟定的。彤继续说："因为数学老师最喜欢我，凡是有好事，她都会想到我的。"当时边上有其他孩子在，彤的这种推论，来自她的自信——数学老师很偏爱她，但是这份自信，对别的孩子而言，是不是一种伤害？

我读过美国资深教师雷内·罗森布拉姆－洛登的著作《你必须去学校，因为你是教师》，她建议教师跟学生"可以友好相处，但不要成为亲密伙伴"[①]。她还提示，教师要"知道自己什么时候与学生的关系过于亲密了"[②]，要懂得掌控。教师可以在公开场合表达对某个学生的某种具体行为的赞美，甚至奖励这种行为，但是注意不要流露出对他整个人的偏爱之情。

对后进生的奖励要注意尺度。有的教师容易把对后进生的奖励标准放低，不仅不觉得有问题，还觉得自己胸怀宽广。比如，学生当堂默写10个英语单词，后进生默写正确了5个，教师就当众表扬并奖励："今天某某同学单词默写对了5个，老师奖励他一支铅笔，以后要更努力学习啊！"

这种奖励带给孩子的压力其实是非常大的，有不少孩子会视之为羞辱。接受教师这样的奖励，孩子可能会不情愿甚至感到委屈。

有一件事给我的印象极其深刻：多年前，一名学生因为班主任当众对他说了句"我对你的要求已经放到最低"而在我面前失声痛哭。他告诉我："从这个星期开始，我天天不开心，天天想起那句话。每次他上课，我就努力想别的事情，努力不去听他讲，不去看他。"在说出这句话之后，他跟班主任的关系变得很糟，甚至出现自暴自弃的行为。

即使孩子是后进生，即使教师真的对某个同学的要求比别的孩子低，也不应该让孩子本人和他的同学知道。教师鼓励与奖励后进生时，要注意措辞，注意尺度，尽力地保护他们。比如，当堂默写10个英语

①②洛登．你必须去学校，因为你是教师［M］．郑丹丹，译．北京：中国轻工业出版社，2008：16，109.

单词，后进生默写对了 5 个，教师可以这样表扬与奖励：“今天某某同学单词默写的正确率比昨天高，看来他付出了更多努力。老师奖励他自由安排时间 5 分钟，再复习英语单词。”

根据学生的年龄特点建立合理、有效的奖励机制，是重要的教育方法。很多时候，年龄小的学生会为了得到奖励才表现好或者争取好成绩。学生往往会根据短期的、可预见的结果——有可能得到的各种奖励，来调整自己的行为。随着他们年龄的增长，教师要慢慢引导学生认识到表现好和争取好成绩的内在价值，并让他们养成好习惯，使奖励真正成为促进学生健康成长的有效手段。

家长会——心与心的遇见

“孩子不是老师的，是你的。”这是网上流传的一位班主任在家长会上的犀利言论。我仔细阅读过那份讲稿，这位班主任说的很多话是正确的。但是，即便是正确的道理，也可以不必用过于尖锐的话语表达。通常情况下，没有学生家长会刻意地站在教师的对立面。教师不需要在气场上完胜家长，在理直气壮的时候也可以是义正词“婉”的。孩子是家长的，学生是教师的，而家长和教师面对的，却是同一个生命—— 一个同时需要家长教养和教师教育的生命。

家长会，本该是孩子们的重要他人——家长和教师——的聚会。我喜欢跟各位家长分享发生在孩子们身上的小故事，并发表对这一个个小故事的感想，尽力去触发各位家长的思考。如果他们因为我的分享和感想而对孩子的教养方式有所调整，我会为此感到兴奋。

夫妻恩爱是给孩子最好的礼物

有一天在英语课上，同桌的两个小朋友（一年级）很认真地打起架来，你一拳我一拳捶得很热闹。我请这一男一女两个孩子站起来，对男孩说：“男生是不可以打女生的。如果女生欺负你，你可以告诉老师，老师来制止她或者批评她，但你自己是不可以动手打女生的。因为在一个幸福的家庭里，男生都不会欺负女生。一般情况下，爸爸不欺负妈妈、爷爷不欺负奶奶的家庭都比较幸福。你是男生，从小就要知道不可以打女生。”

还有一次课后，我发现两个男孩在打一个女孩。我那么和气地把同样的道理讲给这两个小家伙听。他们居然先后哭起来，一边哭一边说："我爸爸就经常欺负妈妈！"我问："那你爸爸欺负你妈妈的时候，你心里觉得谁对？你心里帮谁？"两个孩子都说："觉得爸爸不对！我心里帮妈妈。"我提醒他们："那就不要像心里觉得不对的人一样啊！你觉得爸爸欺负妈妈不对，那你就不要欺负女生。"

我始终认为，夫妻恩爱是父母给孩子最好的礼物。在和谐的家庭长大的孩子，会比较自信、阳光，比较合群，不会过分脆弱，不会随意发脾气，不会轻易动手打架。这些特质都决定了孩子是否可以在群体中与他人融洽相处，而学会与他人相处，是孩子离开家庭后必须学习并且一生受用的能力。

孩子需要父母高质量的陪伴

在我执教英语的班上，不管是一年级还是三年级，都有孩子从头到尾几乎不主动听老师讲课的情况。他们全都是在"看黑板""看屏幕""看老师"的反复提醒下，才能够勉强听几分钟。这些孩子其实都是相当可爱的孩子，智商也没有任何问题，性情也不坏，每次被老师提醒后大都有觉得不好意思的表情。

我不用一个个地去详细追问，这些孩子当中，十之八九小时候是留在老家由爷爷奶奶带大的，或者虽然在爸爸妈妈身边长大，但是很多时候是看电视和玩手机。爷爷奶奶因为年纪大、精力不济，跟孩子的互动会比较少，更多的是让孩子看电视。经常玩手机游戏的孩子，和经常看电视的孩子一样，长期接触的是声音、图像和色彩的强刺激。一旦习惯了强刺激，弱刺激就根本没有办法吸引他们的注意力。课堂上教师的授课虽然也有多媒体辅助，但不可能长时间使用多媒体。很多时候教师的授课就是弱刺激：普通的人声、黑板上固定的字符。而这些孩子听课不集中，其实真的不怪他们。

我希望每一个孩子的爸爸妈妈下班以后能直接回家，而且是真正回到孩子身边，不是回到电脑前，也不是回到手机前。爸爸妈妈可以跟孩子交流各自一整天的收获与心情，互相倾听与表达。这样既能培养良好的亲子关系，也能让孩子远离过多的强刺激。而童年时候良好亲子关系的形成，可以让孩子在青春期少些叛逆，男孩子会少一些暴力倾向，女孩子会少一些早恋倾向。

重要的不是分数

有一天上午，我发现一个孩子的英语家庭作业没有按我的要求默写，而是自行抄写了 4 遍，他的父母在分数格旁边注明“是抄写的”。我问了这个孩子，家长为什么让他抄写，而不是默写。他回答：“爸爸妈妈问我能不能默出来，我说不能，他们就让我抄 4 遍。”我当时就对他说：“你爸爸的方法不对，这样对你的学习没有帮助。你可以找 4 个最难的词组，把他们的中文写在家庭作业本上。然后自己反复地背那 4 个词组，或者另外找个本子试着默一下。觉得有把握了，再默写到家庭作业本上。”下午我去找他的时候，孩子特别高兴地告诉我：“老师，我默出来了。4 个都是我默写的，不是偷偷抄写的。”我仔细批改了一下，4 个词组只有一个稍微错了一些。我表扬了他的进步，并告诉他以后在家里也要用这个办法。

我知道不是所有的孩子今后在生活或者工作中会用到英语，也不是所有的爸爸妈妈都非要自己的孩子考大学。他们到学校里来上英语这门课，收获的并不只是英语成绩，更重要的是在学习这门学科的过程中，他们的情感、能力、品行的习得与发展。如果孩子在学习英语的过程中遇到了困难，我们就要指导孩子如何面对困难，并培养孩子解决困难的能力。而如果像这个孩子的家长那样做，无异于在告诉孩子：你遇到困难了，你是没有能力解决困难的……一直受到这种暗示的孩子，你让他长大后如何面对现实生活中的种种困难？我们需要的不仅是一个英语成绩优秀的学生，更需要一个面对困难懂得去找解决办法的孩子。

对孩子的指令需要具体而明确

有一阵子我特别烦恼。每次到画分数格（长方形格，左边由学生标注日期，右边由老师打分），教室里就会出现此起彼落的询问声："老师，今天几月几号？"有时候我回答的声音还未落地，第二个孩子就已经在发问，而且，他还真不是故意捣乱。即便我说"日期已经写在黑板上了"，他们也照问不误。我一而再再而三地强调"老师讲的时候要专注地听讲"，但这样的强调根本无效。

后来，我想到了一个方法。每次画分数格前，我说清楚具体要求："现在我要告诉大家今天的日期了，请同学们听到后在心里不断地复述这个日期。"这个办法真是好。小朋友们一边画分数格，一边忙着在心里复述日期，教室里鸦雀无声，再不像以前那样闹腾。

因此，我意识到：之前我反复强调"专注地听讲"，其实这个要求是非常空泛的。对孩子的指令、要求都应该具体而明确。我要求孩子们在心里复述日期，这是一个非常明确的要求，孩子们就不会再出现问题。所以，家长平时在向孩子发出指令的时候，也要避免使用一些空洞的、孩子难以把握的词语，要求应该非常具体而明确。比如，"对自己的学业负责"，可以具体化为"要在规定时间内完成作业，并且独立完成，不懂的地方及时请教老师"；比如，"团结同学"，可以具体化为"不拿别人的东西，有话好好说，不骂人打架"……

从头至尾，我在家长会上都是跟家长们分享孩子们的小故事、我的小感想，教室里的气氛一派祥和。会后，不断有家长到我办公室咨询，或者晚上打电话来咨询。我能感觉到，为了我们共同关注的孩子，家长会真的可以是心与心的遇见。

妥善处理校园突发事件

无论在课堂内外，校园突发事件都是非常考验教师能力的。若处理得好，师生就不会产生矛盾，家长就不会对教师产生对立情绪；若处理得稍有差错，一次突发事件就足以毁掉原来彼此建立的信任。教师再想要重建信任，让各种关系恢复到原来的状态，这个过程就会非常艰难而缓慢。

平时在与学生相处、与家长沟通的过程中，教师应该建立专业的师生关系，与家长建立良好的互动关系。这两种关系的建立，可以很好地预防突发事件的发生。而一旦发生突发事件，教师也要懂得权衡，在不影响学生生命安全、健康状态的前提下，妥善处理。

建立专业的师生关系，预防矛盾的产生

我带过的班上，有个淘气的强同学，即使老师正常的批评教育，也会导致他发脾气。

由于各科老师到我这里来“告状”，我常常找来强同学，当着全班同学的面叹气：“强同学，我觉得我们班的家长中对孩子最认真负责、最懂教育的，一个是姚同学的妈妈，一个就是你的爸爸。两位家长对孩子的学习督促特别到位，对老师的工作也特别支持。只是啊，姚同学和你这两个小家伙，却让老师们很头疼啊！”

这段话说过很多次。孩子的心其实最明敏，他们能够感受到教师未曾说出口的各种善意。我这声“叹息”会让强同学的各种折腾暂时偃旗息鼓。

有一年国庆节假期结束后上学第一天，强同学在奔跑的时候摔了一

跤，右手臂骨折了。可想而知强同学的爸爸来学校接他的时候，情绪是多么糟糕！我跟强的爸爸道歉："虽然强同学平时淘气，可是我一直在全班小朋友面前表扬您和姚同学的妈妈是班上最认真负责的家长。这次由于我看护不周，孩子手臂受伤，给您添了很多麻烦，真是对不起！"强同学虽然胳膊疼痛，但还是为他爸爸受到老师的表扬而开心。他使劲点头，说："是啊！老师表扬过爸爸很多次呢！"他爸爸的脸色好转很多，对我没有指责半句，面对我不断的致歉，反而过意不去地说："是孩子自己不小心，不是老师的错。"

如果平时没有建立起良好的师生关系，学生感受不到教师的关爱，家长也无法从孩子那里获悉教师对孩子的善意，那么，在这种情况下，家长可能就会对教师有各种怨责，从而引发不必要的家校矛盾。

适当延后处理突发事件，缓和矛盾

有一天下午最后一节活动课，班里三个小不点压在了男孩明的身上。我冲过去，发现明的情绪非常不稳定，他哭着对我说："老师，我刚才被他们压得快没法呼吸了！"我第一时间把他搂在怀里，不停地抚摸他的后背，轻轻地问："现在好点了吗？如果还是不舒服，我带你去医务室找医生。"然后让肇事的三个小家伙过来道歉。明哭哭啼啼地向我描述三个小家伙是如何得意洋洋地压在他身上的，还说："我本来今天要上武术课的，可是现在我没有力气去上课了。我要妈妈今天放学就来接我回家。老师你帮我给我妈妈打电话，不然她以为我还是上武术课，要到 5 点才会来接我。"

据我观察，明的情况其实没有那么严重，我认为这个电话可以稍微延后再打。因此，我把明揽在怀里，继续抚摸他的后背，然后说："我知道你今天特别不高兴，因为他们三个压在你身上，压疼你了。你现在是身体难受，还是心里特别难受？如果你的确身体难受得不行，我马上让你妈妈来接你，然后带你去医院检查。"小家伙一听，对照自己的情况马上分辨出来了："我身体好像没事了，就是心里特别难受。"他抽泣着重复描述了一遍三个小家伙如何折腾他。我耐心地倾听，不断地附和："是的，他们那么做太不合适了，会压得你很难受的。"

活动课结束后就是放学时间。我再次跟明确认："你现在身体和心里都好点了吗？如果身体不舒服，我就让你妈妈来带你去医院。"明反而特别懂事："妈妈如果今天提前下班来接我，明天就得加班到很晚，还是不要让妈妈来接我了。我身体没事，只是心里难受，今天不想去上武术课。"我表扬了明对他妈妈的体贴，并同意他的决定，带他到我办公室休息。

到了 5 点，我牵着明的小手送他到校门口。来接他的是他奶奶。我告诉他奶奶事情的经过，并跟老人家道歉："对不起，我上课的时候对孩子照顾不周，害得孩子被小朋友压倒了，他心里有些不舒服。"因为明神色自若，老人家哈哈大笑："没事没事，小孩子之间打闹是常有的事。"明愉快地跟我挥手道别。第二天我看他跟那三个小家伙又高高兴兴地玩到一块儿去了。

如果我在明哭得最惨烈的时候让他给他妈妈打电话，电话那头的妈妈听到孩子这么哭，必定会心疼。妈妈一心疼就有可能导致情绪不稳定，就有可能要求立刻与肇事孩子的家长见面。适当地延后处理这样的突发事件，可以缓和矛盾，保持教师与家长之间的良好关系，有利于孩子成长。

稳妥处理突发事件，避免矛盾升级

从小学高年级开始，孩子们越来越喜欢带钱上学。教师即便屡次提醒家长没有特殊情况别让孩子带钱，但作用不大。

带钱的孩子多了，就容易出现失窃现象。经常有孩子到我这里报案："老师，我的钱不见了。"或者来检举他人："老师，某某同学带了好多钱，还有一百元大钞呢！"而这也就成了一件件突发事件，为此我不得不跟家长联系、汇报。

无论是孩子拿了同学的钱，还是拿了家长的钱，甚至“截留”了家长捐助困难同学的部分捐款，我都注意不在全班孩子面前讲述事件的经过与结果，并跟家长也反复强调这一点。我从不以此来推断孩子的品质有问题，而是始终关注孩子拿钱现象背后的本质，试图引导家长思考：为什么孩子会出现这个问题？在教养方式上家长需要做出怎样的调整？

任何一个家长，在获悉自己的孩子拿同学钱或者拿家长钱时，内心都是非常难过的。如果教师让全班孩子都知道了这件事，或者教师当着家长的面批评孩子拿他人的钱是品质很恶劣的表现，这既有可能毁掉一个孩子从善、向上的心，也有可能令家长恼羞成怒，拒不承认孩子的错误，更不利于孩子的成长，还会令家校关系降到冰点。教师稳妥地处理各种突发事件，不把孩子的行为错误上升到道德、品质问题，才有可能避免矛盾的升级。

马克斯·范梅南曾经这样阐述过教学机智：面对一个教学情境，老师的机智可以“表现为克制”，“有些时候，最好的行动就是不采取行动”。[①]

我乐意把他的教学机智运用到处理我们日常的突发事件中：在一起起的突发事件中，教师要基于对孩子身心的认知、基于对家长的情感体谅，立刻做出决定。教师要想在突发情境下立即做出准确无误的判断，需要长期的储备，形成过硬的专业素养。

---

①范梅南．教学机智：教育智慧的意蕴［M］．李树英，译．北京：教育科学出版社，2001：197.

幸福的路，和同事们一起走

在有些班级，我发现一个令人别扭的现象：班主任不怎么乐意自己班级的学生跟别的老师亲近。有的班主任，完全不能接受自己班级的学生最喜欢的老师是别的老师。甚至有的班主任，会隐约地对学生夸大其他科任老师的局限或者缺点。比如："某某老师刚毕业，可能缺乏工作经验。""某某老师才从乡镇学校调过来，可能不适应我们学校。"试图以此从侧面去树立自己在学生面前独一无二的权威。

班主任跟学生在一起的时间最多，往往对学生的感情最深，常把学生看成自家儿女。这种心态能够理解，但并不值得提倡。

事实上，班主任应该创造更多机会，让学生与班级的其他科任老师多接触，多培养感情。在这个过程中，学生有可能与其他老师更亲近，也就更有可能学好该门课程。班主任要为学生的全面发展负责。

班主任应该和其他科任老师并肩走在一起，走向学生。当学生们感觉到老师之间和睦友好、互敬互重时，他们不仅能从中学习如何与同伴相处，在学校的学习生活也会更加幸福、愉快。

很多时候，班主任其实只需要在一些小细节上稍加留意即可。

放学的时候，提醒学生不仅仅与班主任道别

我喜欢在学校门口微笑着跟每一个孩子挥手说"再见"，也在意我的同事，尤其是搭班老师是否有机会跟孩子们在放学的时候互相愉快地道别。

学校要求：正班主任组织放学——带孩子们在走廊里排队，送到校

门口；副班主任则负责教室卫生——组织值日生打扫。每次带着孩子们准备走的时候，如果副班主任（数学老师孙老师）在教室，或者语文老师宋老师在单独辅导个别孩子，我一定会提醒孩子们："跟孙老师（宋老师）说'再见'。"孩子们会高高兴兴地大声喊："孙老师（宋老师）再见！"在两位同事一连串"再见"的回答声中，我再带孩子们朝学校大门走去。

过节的时候，建议学生不仅仅与班主任欢度

我喜欢和孩子们一起欢度节日，以同理心来推算，其他的老师也喜欢和孩子们一起欢度节日。身为班主任，我要创设这样的机会。

儿童节那天，我组织班上的孩子举办冷餐会。事先通知孩子们和家长一起动手自制健康食品，可以是点心、拿手菜、沙拉、水果、果汁……有的孩子早上就带来了食品，有的是家长算好了冷餐会开始的时间下午送过来的。在冷餐会开始之前，我认真地跟孩子们说："今天是你们的节日，你们都和爸爸妈妈一起自制了这么多有营养的健康食品。我想你们一定非常喜欢今天的冷餐会，我也非常喜欢，特别愿意跟你们一起分享节日的快乐。我们还有好几个任课老师，我们把老师们请来，让他们一起分享我们的快乐，见识一下我们的手艺，怎么样？"孩子们纷纷表示同意。我分别派孩子去请各科老师，各科老师有随后就来的，也有答复"稍后再来，请大家先开始"的。老师们陆陆续续地过来参加冷餐会，孩子们都热情欢迎，并抢着呈上自己的美食，邀请老师们品尝。老师们一边祝孩子们节日快乐，一边品尝美食并赞叹不已。

空课的时候，在教室里等待其他老师来上课

只要下一节空课，课间我都会去教室，陪伴孩子们等待任课老师的到来。学校要求任课教师在预备铃声响前到达教室，可是，事实上总会有各种各样的特殊情况：体育、音乐、美术、科学、信息技术的老师经

常要连续上几节课，课间他们需要喝水、上卫生间；语文老师兼做行政工作，有时候会有突然需要处理的公务；数学老师教两个班，有时候在隔壁班级辅导个别学生的作业辅导了一半，想继续辅导完……

同事们的各种情况我能理解，只要是空课，我都愿意在教室里敦促孩子们各自安静看书等待老师。等任课老师赶到，看到秩序井然的班集体，他的心情也会平和，而不会因为教室里纪律失控而心浮气躁。

早晨值班的时候，多照顾刚参加工作的副班主任

学校要求孩子们的到校时间是 8 点以后（晨会课从 8 点 10 分开始），可是总有孩子因为家长上班早而早早到校。为了保证孩子们的在校安全，学校要求正、副班主任轮流值班，每天最迟 7 点半一定要进教室。我的副班主任是数学老师，基本上每天早上要连续上两节数学课，而我的英语课一般是从上午第三节甚至第四节开始。为了让副班主任早上有充裕的时间准备她的数学课，我承担了每天早上进教室的值班工作。

副班主任是刚参加工作的年轻教师，她的课堂教学需要更多时间准备，尤其是当天的课前。她每天早上有充裕的时间再看一遍教案，检查一遍课件，这对她来说很重要，孩子们也会因此而获益匪浅。

餐后管理的时候，多留意学生的各科作业

每天午餐后，孩子们有 40 分钟自由安排的时间。这段时间，也需要正、副班主任轮流在教室值班。在我们班，只要没有未完成的作业，孩子就可以去教室外面玩。哪怕不是我值班的日子，我也会尽量留在教室，而不是回办公室。我会关心一下几个“重点关注对象”的各科作业是否完成了，尤其是容易被忽略的语文背诵作业。我经常会询问语文组长，查出没有背完课文而在外面疯玩的孩子，并把他们请回来背课文。我知道副班主任（数学老师）还需要用中午时间去隔壁

班级找个别孩子批改、订正作业，我留在教室里，她就可以安心去隔壁班级处理作业。

我是班主任，跟孩子们在一起的时间最多，孩子们对班主任天然地更信服一点。因此，我所教的英语学科，孩子们的作业完成情况非常好。唯其如此，我会更留意他们其他两科的作业情况，帮着语文、数学老师多督促、多提醒，保证孩子们其他两科作业的顺利完成，尽最大可能为语文、数学老师减轻一些负担。

一个班级，不是班主任和孩子们单独组成的小集体，而是包括所有任课教师和孩子们的大团队。我看重任课教师在我们班级的存在感，并尽最大能力去协助我的同事们在我们班级担当的工作。“我看见沈老师特别早地进班看早自习，不愿意麻烦别人而宁愿自己饿着肚子。沈老师真善良。”——这是副班主任写在我们班级日记本里的句子。我的一点点善意被同事看见，这样的“看见”令我感动。

跟孩子们在一起，是一种幸福。这条幸福的路，我喜欢和我的同事们一起走。

图书在版编目（CIP）数据

让学生看见你的爱 / 沈丽新著 . —北京：中国人民大学出版社，2017.5

ISBN 978-7-300-23822-7

Ⅰ. ①让… Ⅱ. ①沈… Ⅲ. ①帅德 — 研究 Ⅳ. ① G451.6

中国版本图书馆 CIP 数据核字（2017）第 004817 号

让学生看见你的爱

沈丽新 著

Rang Xuesheng Kanjian Ni de Ai

出版发行	中国人民大学出版社		
社　　址	北京中关村大街 31 号	**邮政编码**	100080
电　　话	010 - 62511242（总编室）		010 - 62511770（质管部）
	010 - 82501766（邮购部）		010 - 62514148（门市部）
	010 - 62515195（发行公司）		010 - 62515275（盗版举报）
网　　址	http://www.crup.com.cn		
经　　销	新华书店		
印　　刷	北京东君印刷有限公司		
规　　格	168 mm × 239 mm　16 开本	**版　　次**	2017 年 5 月第 1 版
印　　张	14.5　插页 1	**印　　次**	2019 年 12 月第 8 次印刷
字　　数	190 000	**定　　价**	39.80 元